U0689111

造浪者

THE CRAZY ONES

互联网大佬们没告诉你的事都在这儿了

差评君 编著

浙江文艺出版社
Zhejiang Literature & Art Publishing House

不那么重要的前言

Hey，你好。

很高兴你能翻开这本书，我是差评君。

在介绍这本书之前，我想先介绍另外一本书。

1987 年，还在武汉大学读大一的雷军在图书馆看了一本书，看完书之后他激动不已，在深夜的操场走了一圈又一圈，立志未来要创办一家伟大的互联网公司，创造出伟大的产品，改变每个人的生活。

让雷军内心燃起熊熊烈火的书叫做《硅谷之火》。这是一本特别棒的互联网技术与管理类图书，里面介绍了比尔·盖茨等许多传奇人物创业的故事。在 20 世纪 80 年代出版时影响了一大批有志青年，掀起了一波巨大的互联网创业浪潮。

30 多年过去了，《硅谷之火》依旧经典，但是书里的那些特立独行的人以及让人热血沸腾的事，已经很少有人再提及了。

现如今，当我们提起"互联网"时，大多数人会想到的是马云、马化腾、马斯克等大佬，认为我们数十亿人所生活在的互联网大厦是由他们搭建的。但其实，他们也只是站在巨人的肩膀上，不断地在为这座互联网大厦添砖加瓦。至于曾经的那些"以创新为骨架，以代码为砖瓦"构建起这座大厦的人，正在慢慢地被我们遗忘。

推进世界改变的人不应该被忘记，更不应该被漠视。

于是，有了这本书。

这本书里记录了 22 个科技互联网先驱者的故事，但它并不是一大碗地摊儿鸡汤成功学，因为他们有些跟"完美"俩字儿一点边儿都搭不上，并且也不是每个人都获得了世俗意义上的成功。他们有人是花花公子，有人一生清贫，有人被亿万粉丝供为创世神，有人抱着酒瓶死在出租屋……

这又不仅仅是一本天才大佬的传记合辑，在他们的故事中，我们用简练直白的语言穿插着科普了晶体管、操作系统、万维网、图形界面、数据库、搜索引擎等数十个互联网知识。为了让你能够轻易看懂，差评编辑部已经熬秃好几个人了。

大概就是这样。

最后，我们以《硅谷之火》为目标，希望这本书也能对一些人有正面的影响，万一，我说万一，它能够改变一个人的人生，我觉得我们的头发就没有白白牺牲。

好了，就到这儿吧，希望这本书能带给你一个悠闲的下午，或者也能让你去学校的操场走几圈，思考一下未来的自己和世界。

差评君

CONTENTS

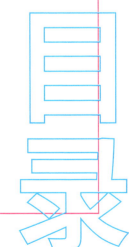

IQ121

WILLIAM SHOCKLEY

THE GENIUS

ELECTRONS AND HOLES I SEMICONDUCTO

被评为20世纪最
重要的人，却因
"人种研究"搞
臭了名声

废物天才
威廉·肖克利

如果说蒸汽机是 18、19 世纪最伟大的发明，那么晶体管一定是 20 世纪最伟大的发明。

可以说你身边的电器，内部几乎都有晶体管。

比如说手机、电脑等电子设备所需要的 CPU（中央处理器），里面就包含了数以亿计的晶体管。每一个晶体管都是一个运算单元，相当于一个干活的工人，所以单位面积能放的运算单元越多，芯片处理数据的速度就越快。现在每一个生产芯片的厂商都在想尽办法往芯片上刻更多的晶体管，这样他们就能获得体积又小性能又好的芯片。比如，苹果公司在 2019 年发布的 iPhone11 中，搭载的 A13 仿生芯片上共有 85 亿个晶体管，每秒可以进行 1 万亿次运算，整个芯片只有一个指甲盖大小。

若将 CPU 比作电子时代的大脑，那么

晶体管就是这个时代的神经元。

在晶体管出现之前，计算机里最重要的器件叫做真空管。每一个真空管都是将金属片封装到玻璃管里并且抽成真空制成，外观类似一个不会亮的小灯泡。

/*
各种不同大小与用途的真空管，可以应用在音箱、收音机、电视机、计算机中。

© Stefan Riepi (Quark48)

/*
ENIAC 计算机

1945 年，人们靠着真空管和一些其他的元器件，做出了世界上第一台真正意义上的通用电子计算机埃尼阿克（ENIAC，1946 年 2 月对外公布）。这台美国陆军用来计算火炮弹道轨迹的当时最先进的计算机，总重 30 吨，占地近 170 平方米，每秒钟能进行 5000 次加法运算，而且几乎每天都会有几根真空管烧坏，需要人为检修。

这些又粗又大的真空管排列在计算机的外部，它们发出的光和热经常吸引飞虫飞进去，导致计算机出现故障。说实话，修这台计算机的人应该挺惨的，因为这台计算机上面用了 18000 个真空管，要找出哪个有问题真要找半天。据维修小组的工程师回忆，即使锻炼了一年后，找出错误部位最快还是要 15 分钟。

同时，这个计算机的耗电量极其恐怖，它工作一小时耗电量为 150 千瓦，当它开机时全费城的灯都会变暗，不知道的还以为发电厂出问题了呢。

这台计算机的大多数缺点是继承自真空管的缺点：体积大、寿命短、制作困难、耗电高、发热高。

晶体管的出现让这一切都成为历史，可以说，

没有晶体管，就没有新世界。

威廉·肖克利（William Shockley）就是发明晶体管的那个天选之子。他的一生堪称传奇。**他改变了这个世界两次，第一次是加速了二战的结束，**

第二次就是发明了晶体管。

肖克利的出身算是书香门第了。他于 1910 年出生在英国伦敦，但他的父母都是美国人。他父亲毕业于麻省理工学院，精通八国语言，前半生大多时间都在世界各地旅游，直到 52 岁才结婚。她的母亲则是斯坦福的第一批女毕业生，也是美国第一个女性矿物勘测师。

肖克利小时候非常喜欢做各种恶作剧，而且脾气非常暴躁，搞得邻居家的小孩儿都很怕他。他还是一个很蛮横的人，任何事情都以自我为中心，不考虑别人的感受。

为了讨个清净，父母送他去了军校读书。

关于肖克利的智商，据说他妈把他领去斯坦福找教授给他测过，测试结果是 121，距离当时流行的天才标准差了 9 分，而他妈自己的智商则是 161。

这个结果真让他妈头大。

不过，这智商也足够考上名校了。肖克利顺利进入加州理工大学，攻读物理学。按一般在物理学上有很大成就的伟人的套路，肖克利应该在本科期间就崭露头角，发表一篇震惊世界的学术论文，但肖克利的技能树在大学时期点偏了。

他练了一身腱子肉，再加上一米九的大高个，被生产健身器材的厂商看中了，他们专门找肖克利当模特拍了一套广告册。他一直都坚持健身，保持

© Chuck Painter / Stanford News Service

/*
为什么说肖克利老爷子是一个废物天才，后面你们就知道了。

/*
游戏里一般用树状图表示玩家可以升级的技能方向。

体形，还登上过阿尔卑斯山脉的主要山峰。

肖克利身材健硕，却并不是那种无脑肌肉男。1932 年他考入了麻省理工读博，博士毕业后，他留校当了老师，过上了教书育人外加没事儿游泳健身的退休老干部生活。

但，他这个老师没干多长时间，就被贝尔实验室挖走了。1936 年，他正式成为贝尔实验室的一员。

肖克利加入贝尔实验室，是抱着改变世界的心态来的，但他可能完全想不到，自己第一次改变世界跟贝尔实验室其实关系不大。

© Blaxthos

/*
贝尔实验室应该是最近 100 年最伟大的机构之一了，你耳熟能详的技术包括激光、太阳能电池、数字卫星、蜂窝网络、电子计算机等等，都出自贝尔实验室。这些发明让近 200 年人类的科技发展速度变得比前 2000 年加起来都快。差评君一度怀疑贝尔实验室是外星人开的。

他加入实验室之后没几年，二战就爆发了，常规实验不得不中断，肖克利转而为政府做与战争相关的科研。他所在的研究小组用雷达瞄准取代了光学瞄准，并且应用在了大名鼎鼎的 B-29 轰炸机上。

后来，肖克利出具了一份预估二战战损的报告，大概意思是继续打下去会死很多人。这份报告影响了美国对广岛和长崎投放原子弹的决定，而投放原子弹的飞机，正是搭载了肖克利所研究的雷达瞄准器的 B-29 轰炸机。

凭借二战这些事，肖克利拿到了二战时期美国给平民颁发的最高级别勋章——优异勋章，成了美国的国家英雄。

二战结束后，肖克利返回了贝尔实验室。已经成为国家英雄的他，开始不断地做实验，想发明一种电子元件来取代真空管。这可不止他一个人想做，当年，各家公司都为了寻找真空管的替代品而发愁，对肖克利来说这可正是一个有望成为"世界英雄"的机会。

1947 年，肖克利在研究过程中提出了场效应理论，似乎可以应用在晶体管上，但是他的研究没有成功；而他的部下约翰·巴丁和沃尔特·布拉顿在改进了他的想法之后，做出了世界上第一个晶体管并申请了专利。

有意思的是，这个专利利用了肖克利的理论，但专利上只有巴丁和布拉顿的名字，并没有肖克利的名字，肖克利被气了个半死。

对肖克利来说，幸运的是第一个晶体管被发明出来这事并没有上头条新闻。因为巴丁和布拉顿做出来的晶体管非常脆弱，还很怕震动，工业上难以大规模制造，个头也并不小，这完全背离了大家想用它取代真空管的初衷。自负的肖克利想做出更好的晶体管，向世人证明自己才是天才。

带着愤怒，他开始悄悄继续研究晶体管。

两年后，肖克利制造出了真正意义上耐用、小型、稳定且适合商用的晶体管。直到现在，晶体管都是基于当年的结构，而今一块芯片上堆放十几亿个晶体管也完全没问题。

/*
世界上第一个晶体管。为啥看起来这么大？因为这是放大很多倍后的复制品啦。

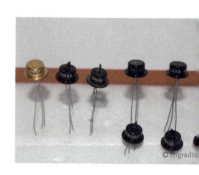

/*
通用电气在 1950 年生产的晶体管

你可能会好奇，当年的晶体管有 2cm 长，现在一块芯片上怎么能堆放十几亿个？

这是因为，现代工艺可以直接用激光在硅片上刻晶体管，最好的工艺已经可以把晶体管刻到几纳米的大小。在肖克利那个年代，人们还不知道晶体管可以用激光来刻，但每一个电子领域的人都明白，晶体管终将成为带大家走进下一个时代的物件。

差评君顺道在这儿讲一下晶体管有啥魔力，凭什么刚被发明出来就终结了真空管的光辉时代。

首先，晶体管和真空管一样，都可以通过控制电路中电流的高低（为了方便理解，可以近似地看做是电流的通和断）来表达信息与进行计算。

我们可以用各种规格的晶体管进行一些特定的排列组合，那么电路就学会了"计算规则"，这个电路就是逻辑电路了，它对于人类来讲，就是一个可以按照我们制定好的规则做运算的计算机。

十进制	二进制
0	0000
1	0001
2	0010
3	0011
4	0100
5	0101
6	0110
7	0111
8	1000
9	1001
10	1010

在计算机世界，所有的东西都用 0 和 1 表达，只需要两个数字，通过无数个不同的排列组合，可以表达这个世界上的任何一个东西，这就是我们常说的二进制。比如 apple 这个单词在电路二进制世界的表达是：0100000101010000010100000100110001000101。

而 0 和 1 刚好可以对应电路的断和通。我们按照设定控制电流的通断，将 0 和 1 进行排列组合，使它能表达出我们想要的信息。

能表达信息就能进行计算。我们在用十进制算数的时候，1 + 9 = 10，最后一位要归零然后向前进位 1，这是我们约定俗成的一个计算规则（也就是逻辑）。那么二进制的时候 1 + 1，与十进制的做法同理，最后一位也要归 0，向前进位 1，即 10。这是二进制中约定俗成的计算规则。

再次，晶体管比真空管的好处多太多了，不是几乎，而是全方位吊打：

※晶体管如黄豆般大小，微型的只有米粒大小，真空管则大得像个灯泡。

※晶体管结实得像施瓦辛格，真空管娇弱得像刚出生的婴儿。晶体管因为没有灯丝、玻璃管等易碎的部件，所以比真空管更坚固，经得起剧烈的冲击。

※晶体管长寿得像乌龟，真空管则像只能生存几个月的蚂蚱。晶体管每天工作 8 小时，可以使用 25 年，真空管使用几百小时不坏就走大运了。

※晶体管功耗只有真空管的几十分之一。

※晶体管插上电就能立即工作，真空管开机后有一个预热时间，灯丝达到一定的温度后才能工作。

……

肖克利因为这项发明，名声大噪。

后来，用晶体管生产的收音机问世并逐渐畅销，肖克利认为，这是贝尔实验室在利用他的发明赚钱。这让他很不爽，所以他决定辞职单干，要把

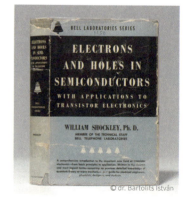

© dr. Bartolits István

/*
肖克利出版的图书详细讲解了晶体管的原理与应用，似乎在向天下宣布自己才是真正的"晶体管之父"。

/*
硅是一种常见的半导体材料。半导体是指常温下导电性能介于导体与绝缘体之间的材料，除硅外，还有锗、砷化镓等。像芯片、内存条等由于都用到了半导体材料，所以都属于半导体行业。
对了，肖克利发明的晶体管是类硅的元素锗制造的，"硅谷"的"硅"只是一个泛称。

能赚到的钱都攥在自己手里。

于是，肖克利在 1955 年辞职回了自己老家加州山景城，准备开一家以自己名字命名的科技公司——肖克利半导体。此前，很少有人来山景城投资开公司，当地土著只能依靠大片大片的水果农场来赚钱养家。肖克利半导体公司是当地第一家从事与硅相关的半导体业务的公司，这为山景城成为现在举世闻名的"**硅谷**"埋下了种子。

肖克利建立公司时，曾主动去得州仪器、洛克菲勒等公司拉投资，但是都遭到了拒绝。最后，肖克利的大学同学阿尔诺德·贝克曼投资了他。这个贝克曼，就是我们学化学时学到的"pH值测定法"的发明人。

拿到钱后，肖克利开始招聘员工。他另辟蹊径，将招聘广告以代码的形式登在学术期刊上，这样，直接筛选掉了一大批求职者。另外，在面试前，他会对应聘者进行智商及创造力测试，还要做心理评估。在面试时，他甚至当着面试者的面，拿着秒表来计算他们的答题时间。

凭借着严苛到几近变态的选拔手段和"晶体管之父"这个响当当的名号，肖克利半导体集结了非常多的天才科学家。他们不满 30 岁，都处于人生中创造力的爆发期，由于招的人都是博士，这批人又被称为

博士生产线。

事实证明，虽然肖克利在搞研究上是个天才，

但他在开公司方面是个菜鸡。他专横独裁、自负偏执的性格在开公司后被无限放大。

肖克利一上来就搞大跃进，逼迫员工把晶体管的成本压缩在 5 美分以内。这简直是天方夜谭，他的这个目标即使在 1980 年也是难以实现的。他无法面对自己决策的失败，开始迁怒身边的每个人。

在 1956 年，关于晶体管发明的诺贝尔奖最终还是发给了肖克利他们三个人——即使专利上没有肖克利的名字。当诺贝尔奖委员会给他打电话通知他这个消息时，他第一反应不是开心，而是猜测这肯定是有人整他的恶作剧。当确认消息后，他又开始怀疑评委会有人不认可他获奖的资格，要求委员会把这些人员的名单给他……

得了诺贝尔奖后，他变得更加狂妄，不断与下属产生冲突，连投资人贝克曼也不放在眼里。

有一次，一名员工在开门时割伤了手指，这本是稀松平常的小意外，而肖克利却坚信公司有人想陷害他，并动用测谎仪对全体员工进行了测谎。诸如此类的事情，在肖克利的公司数不胜数。

现在，差评君好像明白为什么巴丁和布拉顿不愿意在专利上写肖克利的名字了……

一个在外界看来是神仙团队组成的公司，被肖克利搞成了一个大型精神病院。

他的这些举动带来的效果非常非常显著：

1957 年，实验室八个最关键的研究员

集！体！辞！职！

毕竟谁能忍受天天在公司接受老板的精神控制呢。

而失去了这八个研究员的肖克利半导体因为人才流失一蹶不振，一个晶体管也没生产出来就倒闭被收购了。

一位硅谷经理人说，肖克利是一位天才，又是一个十足的废物。

在这之后，创业失败的肖克利发财梦破灭，被迫弃商从教的他去斯坦福做了一名教授。而他的研究突然转向了，他认为人类种族之间是有区别的，还建议让智商低于 100 的人拿一些补助金后自愿绝育，甚至把精子库称为"人生选择库"，并且以诺贝尔奖获奖人的身份捐精给精子库。

在这件事儿上，他极为认真，还写信给几十个诺贝尔奖得主，试图说服他们捐精，但最后只有一名诺贝尔奖得主真的捐精了，就是他自己。更惊人的是，肖克利发表论文宣称黑人的智商要比白种人低 20%，导致愤怒的黑人学生在校园里烧掉了他的雕像。

他的种种行为让他的亲人和朋友都疏远了他，他去世时，他的儿子还是从报纸上知道了他死亡的消息。

一代天才的故事，最终以一个充满悲剧气息的结局草草收尾。

肖克利的性格与他晚年的研究遭到学术圈的讨伐，但他的贡献不应被掩盖：

他发明的晶体管，被誉为是 20 世纪最重要的发明；

他把"硅"带到了山景城，埋下了第一粒"硅谷"的种子。

他被《时代》杂志评为 20 世纪最重要的人物。

天才与庸才往往并不是像冰与火一样处于对立面，当它们淋漓尽致地集中展现在一个人身上时，我们才发现，原来他就是一个普通人。

大学偷猪被停学，错失两次诺贝尔奖，全硅谷都要叫他一声"爸爸"

硅谷市长
罗伯特·诺伊斯

肖克利在山景城开了第一家半导体公司后，没过几年，无数的商业奇才和技术狂人便开始扎堆在这个地方创业，你在那里的大街上随便撞到一个人，都有可能是一家公司的CEO。

无论多疯狂的想法，在这儿都有可能被缔造成一个商业帝国。不过，看似美好的愿景背后也少不了血雨腥风——创业失败也是最常见的。一家公司成功的背后往往是许多个创业者的失败，但脱颖而出的，往往意味着它具备改变世界的能力。而他们改变世界的故事，又传到了外界年轻人的耳朵里，让他们心潮澎湃，奔涌而来。

风险投资人像星探一样在这里挖掘有潜力的项目。他们是真正的资本玩家，手里捏着大把的钞票，却时常处于焦虑当中。钱对他们来说是最不值钱的。他们的眼光决定了每笔花出去的钱是打水漂，还是孵化出一个新的独角兽。

这里充满了天才、野心、悲剧、梦想与荣光。

1971年，美国一位记者在报道半导体公司在圣塔克拉县蓬勃发展的新闻时，第一次用"硅谷"（Silicon Valley）这个词称呼这个地方。

如今，硅谷已经成为世界上科技与经济的发电厂，原本盛产水果的农场演化成了全世界的科技圣地。

罗伯特·诺伊斯（Robert Noyce）就是这个演化过程中的

关键先生。

还记得从肖克利那边辞职的八个人吗？

他就是八个人中的老大哥。人送绰号"硅谷市长"。

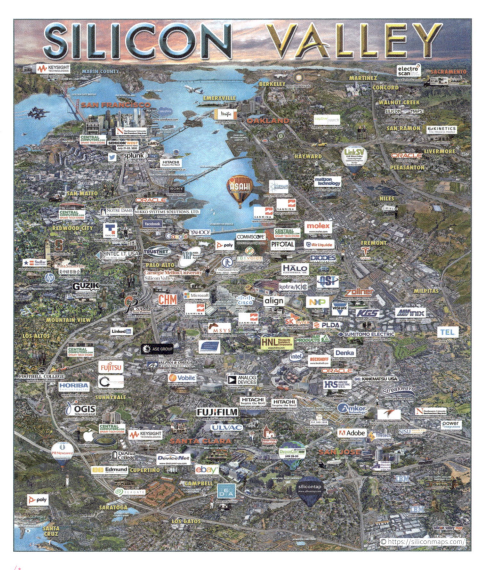

看把硅谷都挤成什么样了

/*

很多地方都想依葫芦画瓢造出一个新的硅谷，但没有成功。

肖克利改变了世界两次，而诺伊斯改变了世界三次……

诺伊斯于 1927 年出生在美国艾奥瓦州，他的父亲、祖父、外祖父都是牧师，所以诺伊斯小时一直跟随家里人奔波于不同教区之间。

按理来讲，他应该会成为一个出色的牧师，但他对宗教没什么兴趣，反而对自然科学痴迷得要死。

诺伊斯 12 岁的时候，他和 14 岁的哥哥看完一本《知识全书》（*Book of Knowledge*）之后，决定去造一架滑翔机。

当时他和哥哥拿出了所有的积蓄，一共 53 美元，买了一些材料，又从邻居小孩爸爸的家具店里"借"了点多余的竹竿，东拼西凑，还真攒出了一架滑翔机！

当时二战刚发生不久，人们对飞机这类东西还有本能的崇拜和恐惧，而两个 10 岁出头的小屁孩居然搞出来一架能飞的滑翔机，这在当地引起了不小的轰动，记者还专门去采访了兄弟俩。

诺伊斯不仅动手能力非常强，掌握知识也非常快，高中时期不费吹灰之力就进入了艾奥瓦州格林尼尔学院。

在这里，他很快成为学校的风云人物。

轻轻松松就拿到好成绩，还吹得一手好萨克斯，能在广播剧中担任主角，代表学校获得了美国

© Intel Free Press

>|
*长得帅还有才华，
差评君心中的男神！*

中西部运动会跳水冠军，再加上风度翩翩的外表，全民校草说的就是他这种人。

不过，诺伊斯的大学生涯并不是那么一帆风顺的。有一次他们寝室想开个"南太平洋风味宴会"，但是缺一只乳猪，大家又没钱买，所以就有人鼓动诺伊斯和另一个同学一起去附近农场偷猪！诺伊斯果然不负众望，和同学一起扛了一只乳猪回来。

有了这只乳猪，宴会圆满成功。不过第二天诺伊斯就被警察抓走了。

他们不仅偷了猪，而且偷的还是市长家的猪！

当时艾奥瓦州是农业州，偷猪这种事是要坐牢的。

后来经学校老师极力担保，诺伊斯才免于刑事控告，但没有逃脱停学一学期的处罚。因偷猪而差点被退学，这个大佬的故事很适合拍《1818 黄金眼》啊。

/* 浙江一个相当接地气的新闻节目。

返校后的诺伊斯开始拼命读书，后来去了麻省理工学院（MIT）读物理学博士，一直到毕业都是顶尖的学霸。

时间来到 1956 年初，肖克利已经在年前创立了"肖克利半导体"公司，借着"晶体管之父"的光环"诱拐"初出茅庐的新兴青年，而诺伊斯就是肖克利认准的目标之一。被教科书上的传奇人物邀请，诺伊斯喜出望外。他飞到旧金山后的第一件事，就是买了套房，想在此地跟着肖克利一辈子安定下来。

可惜，没有遭受过社会毒打的诺伊斯开心得太早了。

因为肖克利的独断专行与鼠目寸光，阻止了诺伊斯进行"隧道二极管"的研发，后来被一个日本人研究出来获得了诺贝尔奖。同时，肖克利和其他优秀研究员的摩擦不断，经常发生激烈的口头交锋。一开始，作为肖克利头号崇拜者的诺伊斯还愿意当老好人去调解中间的矛盾，最后也心累懒得管了。

这时，有七个年轻员工决定另立山头，但是得找一个"风度翩翩、热情四溢、笑容灿烂、握手有力"的带头大哥，诺伊斯就这样被请上了贼船。

这八个人就成了肖克利口中的"八叛徒"。由于这八个人日后的成就过于辉煌，他们辞职的那一天，1957 年 9 月 18 日，后来被《纽约时报》称为

人类历史上十个最重要的日子之一。

/*
这张"八叛徒"的照片比《八骏图》还要经典。这张图告诉我们，有纪念意义的日子要记得拍张照哦。

八人组辞职后，他们找到了投资者兼企业家谢尔曼·费尔柴尔德。费尔柴尔德家族非常传奇，他们参与生产了二战时的

战机，手握海量军方订单，还是 IBM 的最大股东，在科技领域涉猎很广。

费尔柴尔德在听了诺伊斯陈述半导体行业的前景后，毫不犹豫地同意投资了 150 万美元。

这笔投资是"八叛徒"委托银行家阿瑟·洛克和巴德·科伊尔筹到的。洛克帮助他们制定公司发展战略、分析融资需求、寻求资金与分享资金，八个人也拿到了股份成为公司所有者。可以说，这笔投资算是硅谷第一笔真正意义上的风险投资。

图中的美元是洛克决定为"八叛徒"拉投资时签订的"合同"。由于当时没有正式的协议，洛克便拿出 10 张一美元钞票，让每个人在上面签上了名字。

这里面的门道，还要从那时生产晶体管的材料说起。

当时大部分研究院使用的半导体材料都是锗，锗矿中的纯锗可以直接用来制造晶体管，所以一开始物理学家都往锗晶体管这个方向研究。但是锗有两个致命缺点：第一，它不耐高温，75℃以上就变成导体而不能正常工作了；第二，它实在太稀有了。因为材料稀有，就不适合大面积推广，价格也不太可能降下来。

所以，诺伊斯想推广硅代替当时的锗作为晶体管的主材料。虽然硅传输电流的能力不如锗，但它耐高温，而且它的储量实在是太多了！要知道，沙子的主要成分就是二氧化硅。在诺伊斯的眼里，沙子在地球上取之不尽用之不竭，想要在全球大量推广晶体管，那么只有硅才行。

诺伊斯据此大胆预测，

硅将开启一次性电器时代。

举个例子，那时候人们收音机里面的锗晶体管都比较昂贵，所以坏了大家都要专门找维修人员来修。但是当硅晶体管普及之后，收音机的成本大大降低，维修还不如直接买新的划算，这就是诺伊斯对未来的畅想。

费尔柴尔德听到这个预期后，两眼放光，马上帮这八个人组建了新公司——**仙童半导体**（Fairchild Semiconductor）。

诺伊斯他们也不负众望，很快就鼓捣出了硅晶体管的雏形，并在 1958 年推出了市面上第一个可以商业化的硅晶体管 2N697，顺势勾搭上了 IBM 这个大主顾。后来连军方也爱不释手，友商们抢着山寨他们的产品。

诺伊斯他们自然要比只会山寨的友商们跑得更快。

他们看到晶体管的制作都是需要工厂的女工们

© Theoprakt

/*

Regency TR-1 是世界上首台量产的锗晶体管收音机，由得州仪器和 IDEA 公司合作于 1954 年发布，售价 49.95 美元。这个价格在当时属于奢侈品了。每台收音机使用 4 个锗晶体管。此前收音机使用的都是真空管，晶体管大多用于军事。

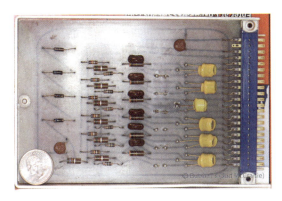

/*
这是 1960 年生产的计算机 PDP-1 里的电路板。这款计算机重 730 千克，售价 120000 美元，共使用了 2700 个晶体管。可以看到，黄色的晶体管嵌在电路板上，如此大的一块电路板上也容不下几个。和此图不同的是，我们现在的手机、电脑等电子产品里动辄就有上亿颗晶体管，但它们却非常轻薄，这完全得益于仙童后面创造出的两项技术。

手工焊接的，而且良品率贼低，于是他们有了个大胆的想法：设计一套流程，批量生产晶体管，并且把电路里的电子元件变得更小，而不是一颗一颗地嵌在电路板上。

1958 年，"八叛徒"之一让·霍尼（Jean Hoerni）发明了平面工艺。他预先将晶体管的电极结构图设计好，做成相片底片一样的掩模板，经过氧化、光刻、扩散、离子注入等一系列操作，最终，**本来是立体的晶体管，这么一番折腾之后就变成薄薄的一层。**

这一系列操作过于复杂，总之就是先这样再那样最后那样就好了……

这项技术不仅用机器代替了晶体管生产的大部分人工步骤，还提高了良品率，其他友商不得不找仙童半导体要专利授权。

平面工艺让晶体管从立体变成平面，而诺伊斯的另一项发明则让这项技术的优势发挥到了极致——

1959 年，诺伊斯提交了仙童第一个**集成电路**的专利。

他在笔记上写道："把晶体管、电阻和电容等元件放在单一硅片上，同时用平面工艺将它们连接起来，这样可以大幅降低电路的尺寸、功耗及成本。"这就是集成电路的最初构想。

此前，美国得州仪器公司的杰克·基尔比也想到了将不同元件集成到一起打包的点子，不过基尔比还是在采用手工焊接和锗材料，做出来的东西明显比诺伊斯他们的差很多，但最终结果仍是两家"共享专利"。

集成电路技术将庞大元件组成的电路压缩到一小块硅片上，这就成了我们熟知的芯片。它避免了手工焊接的不可靠，且通过规模效应降低了成本。最重要也是最直观的优点，就是它体积小、重量轻。连最牛█的科幻作家阿西莫夫也惊叹不已："集成电路的发明，是人成为生命形式以来最重要的时刻。"

依靠集成电路技术的加持，随着工艺的精进，今天的芯片里塞下了越来越多的晶体管。

本来是一堆沙子和金属，在半导体工业的加持下摇身一变，有的能进行相隔千里的通信，有的能做每秒几百万亿次的运算，有的能存储海量的数据……

/*
芯片上的晶体管数量指数级增长，制造芯片的技术成为现代科学技术的核心。之前美国通过封锁科技来打压中国，其中最重要的就是芯片技术方面的封锁。我们国家半导体产业起步比较晚，有些工艺目前只能用国外的，但是我们已经在奋起直追了。

1950s	1960s	1970s	1980s	1990s	2000s	2010s
1个晶体管	16个晶体管	4500个晶体管	275,000个晶体管	3,100,000个晶体管	592,000,000个晶体管	8,000,000,000个晶体管

军舰导弹、医疗设备、飞机高铁、电视冰箱、自动提款机、上班打卡机，等等等等，集成电路应

用已经渗透到我们生活的方方面面。

可以说，

集成电路改变了整个时代的科技进程。

诺伊斯就像一个从未来穿越回来的人，找到了推动电子科技发展的最快道路。

集成电路被发明出来之后，美国宣布了阿波罗登月计划，仙童半导体成为阿波罗号上计算机处理器的供应商。为了扩大规模和降低成本，仙童半导体一度将工厂开到了香港，员工数量达到 3.2 万人之多，年营业额达到了 1.3 亿美元。

可惜的是，仙童飞速发展几年之后，母公司做出了一些错误的投资策略，再加上因为股权的分配问题，"八叛徒"失去了对公司的控制权，已经无法和资本抗衡，大批精英人才开始陆续离开仙童半导体独自创业。

这批人的离开成为硅谷的福音，为硅谷送出了大批的技术、管理、投资人才，"八叛徒"身上的叛逆精神也成了硅谷创业者身上最鲜明的烙印。就像乔布斯比喻的那样：

"仙童半导体就像是个成熟了的蒲公英，你一吹它，这种创业精神的种子就随风四处飘扬了。"

※ 尤金·克莱纳创办了知名的风险投资公司凯鹏华盈（KPCB）；

※ 杰瑞·桑德斯创办的超微半导体（AMD），现在是少数几家能和英特尔（Intel）与英伟达匹敌的半导体公司；

※ 唐·瓦伦丁创办了世界上最出名的投资机构红杉资本，本书提到的雅达利、苹果、谷歌、贝宝

（PayPal）、甲骨文等绝大部分公司都接受过它的投资；

※ 迈克·马克库拉成了苹果公司的 CEO；

※ 诺伊斯和戈登·摩尔最后出走，于 1968 年创办了大名鼎鼎的英特尔，一生都在追求突破技术的极限。我们现在用的计算机芯片大多数都是英特尔生产的。

/*

诺伊斯在英特尔的工牌

除此之外，从仙童"裂变"出来的企业还有很多很多。

至此，最先进的技术在硅谷，最丰厚的资金在硅谷，最有威望的大佬在硅谷，最坚强有力的创业精神在硅谷，优秀的人才不去硅谷去哪儿呢？

在 2014 年，有人统计出，硅谷约有 70% 的企业都与仙童半导体有联系，其中已经上市的企业市值比加拿大一年的 GDP 还要高。

"硅谷市长"，诺伊斯当之无愧。

1990 年 6 月，诺伊斯在游泳后休息时，突然心脏病发作后去世。

他去世之前，已经因为集成电路的发明而被诺贝尔奖提名，可惜结果揭晓时，他已过世很久了，所以诺贝尔奖只颁给了前面提到的集成电路的另一个发明人杰克·基尔比。

诺伊斯生前，无论是做人还是行事风格都与他的师傅肖克利截然不同。

他提倡扁平化办公，凿掉传统的独立办公室来

/*

图片上的这些公司，或多或少都流着仙童的"血液"。

模糊层级的概念，让每个人的好想法和好创意都能够提出来，这种文化影响了硅谷很多初创公司。

直到现在，扁平化办公都是创业公司所奉行的办公方式。

1968 年，诺伊斯离开仙童准备去拉投资创业时，找到了之前帮过他们融资的洛克，洛克甚至没让他们写商业计划书，只打了几个电话就筹到了 250 万美元的资金。用洛克的话说就是：根本不用文件，只凭着诺伊斯的声誉与人品就足够了。

在英特尔期间，诺伊斯把精力分出来去培养硅谷的年轻人，这里面就包括乔布斯。他对乔布斯非常提携，乔布斯也把他当成偶像，经常骑着自己的摩托车到诺伊斯家取经。

在 20 世纪 80 年代，美国半导体行业快被日本搞崩溃了。那时，日本的钢铁业超过了美国，银行业超过了美国，诺伊斯意识到美国半导体产业靠每个公司单打独斗根本赢不了。于是他从英特尔辞职创办了一个半导体制造技术联盟，把之前在美国属于竞争关系的公司联合在一起，大家在一块儿分享技术，抵抗日本公司的侵蚀，这才守住了美国半导体行业在世界上的地位。

所以诺伊斯去世时，还曾引起过美国半导体界的一片恐慌。他凭借着自己的威望，早已成为美国半导体工业的代言人。

诺伊斯是一个天生的领袖，但不是一个伟大的管理者。他在公司默许管理层开会迟到，他从来不反对下属的意见。由于过于正直，在公司出现危机时，他也狠不下心去解雇任何一个员工或者将人降职。

丘吉尔对他有着精准的评价：像诺伊斯这样的天才，最好是随时准备发挥作用，而非时时刻刻统领全军。

看来，诺伊斯这是遇到知己了。

诺伊斯的一生，除了大学偷猪之外，几乎找不到污点。

他的成就与品德在硅谷也无人能及，他在硅谷就像一位圣人。人人都尊敬诺伊斯。

他的发明改变了科技发展的进程，他促进了硅谷的形成与繁荣，让世界都享受到了高科技的福利。

硅谷市长，他当之无愧。

INTEL CORPORATION
3065 Bowers Avenue
Santa Clara, California 95051
(408) 987-8080

intel

TO: All Intel Field Sales Engineers
From: Andy Grove
Subject: OPERATION CRUSH

OPERATION CRUSH is the largest
offensive we have ever undert
commitment--it is the corpor
is large in terms of the man
than 50 man-years of CRUSH e
and it is large in terms of
$100 million in revenue over

The importance of OPERATION C
and business impact alone tho
this campaign will highlight a
taken place--and will continue
We intend to establish ourselv
system solution VLSI form
devices, 25 software products
will be announcing new
tangible and meaningful demon
strategy. OPERATION
strategy.

As an in
two major

• Sell our tot
informati
sell
m
h and softw
warranty.

• Exploit all
designs,
that i
reso

with your
1980's wi

996祖师爷，硅

谷CEO们的教父

偏执狂
安迪·格鲁夫

THE PARANOID

ANDY GROVE

提起电脑 CPU，差评君相信绝大部分人脑子里第一个想到的肯定是英特尔。并且，还有很大一部分人叫不出第二个品牌。

为什么这么说呢？

从 20 世纪 80 年代开始，英特尔的 CPU 靠着优秀的性能，获得了所有计算机品牌商的青睐。IBM、惠普、苹果等厂商都排着队等着它生产的 CPU，市场份额长期处在 90% 以上。

毫不夸张地说，英特尔的技术就决定了计算机的性能。

英特尔在用技术征服了计算机制造商后，还要俘获消费者的心。在 1991 年，英特尔决定给每一台使用英特尔 CPU 的电脑都贴上一张"Intel Inside"（内置英特尔）的标签，甚至为了蹭曝光度，英特尔还与计算机品牌商们合作，这些品牌商只要在他们的广告中露出"Intel Inside"的贴纸，就能获得英特尔的补贴。

英特尔用这种方式，无形中给人们灌入了一个"电脑就要买采用 Intel 处理器的"这样的想法，以至于在很多人印象中

英特尔已经和电脑画上了等号。

英特尔能有这样的成就，在差评君看来，除了罗伯特·诺伊斯与戈登·摩尔顶起了技术的半边天外，顶起另外半边天的人物要数这家公司的头号员工安

/*
苹果的 iMac 以及 MacBook 也采用英特尔的 CPU，但是并没有贴"Intel Inside"的标签，乔布斯曾说，"我们更喜欢自己的标签"。苹果更希望告诉用户这个产品能做什么，而不是产品参数。

/*
硅谷不缺出名的 CEO，但安迪老先生可以说是 CEO 们的 CEO。

迪·格鲁夫（Andy Grove）。

和之前聊过的几个大佬不同的是，安迪并没有过于开发自己的技术头脑，而是用一系列的公司管理手段，把英特尔打造成了世界上顶级的科技公司，也让硅谷记住了一个偏执狂般的管理者能将一家公司带到的上限是哪里。

安迪早年的经历相比其他大佬也会显得更惊心动魄一些——不仅仅是因为他出生在二战期间的匈牙利，还因为他是犹太人后裔。

我们来想想看，作为一个当时只有四五岁的小孩，安迪不但要躲避头顶敌国飞机呼呼扔下来的炸弹，还得躲避本国纳粹主义对犹太人的搜捕，更别提这种躲躲藏藏的生活持续了六年！

不过最终，安迪趁着混乱，前往国际救助委员会，争取到了前往美国避难的资格。

脱离了战争和动乱的阴霾，安迪的高智商很快就发挥出了应有的作用。先是通过自学，安迪考上了有"平民哈佛大学"称号的美国纽约市立学院，并且以全班第一的成绩顺利毕业。之后安迪又直接跨过硕士学位，一口气拿下了加州大学伯克利分校的工程学博士学位。

真正的大佬，即使人生进度被炮火耽搁了，也可以靠跳级找补回来。

博士毕业之后，安迪进入了仙童半导体公司，参与集成电路的早期研发工作。

在仙童半导体兢兢业业地干了 5 年，等到 1968 年的时候，硅谷"八叛徒"中的两位——摩尔和诺伊斯决定再次叛逆创业。

公司刚准备创办的时候，两个创业者找到了安迪："小伙子，我们两个看你骨格清奇，想不想跟随我们闯出一片天地啊？"

于是没多久，Intel（英特尔，名称为集成电子integrated electronics 的首字母组合）成立了。安迪也就被忽悠成了英特尔的第一位员工，担任起了工程部的主管。

不过由于两位创始人都属于技术型大牛，对管理并不通窍。他们两个主持的会议通常都会变得又臭又长，而这些情况在安迪的会议上从没有出现过。安迪在每个会议室安装了一个时钟，谁要是在会议上浪费时间，绝对少不了被安迪拉到办公室来一次咆哮式的亲切问话。

两位创始人也默许了他的管理方式。于是，表面上还是工程主管的安迪成为公司的实际管理者。

英特尔刚成立时的主营业务是 SRAM（静态随机存取存储器）和 DRAM（动态随机存取存储器），它们的作用简单讲就是暂时存储计算机处理器需要运算的数据和计算完成的结果。当时存储器行业的竞争不算激烈，英特尔的日子过得还算滋润。

在主营业务还是存储器的时期，英特尔就利用自己富余的研发能力，在 1971 年搞出了全球第一款微处理器 Intel 4004。

这一款处理器开天辟地式地带动了个人计算机的繁荣发展，让不少公司下海开始生产个人计算

© Intel Free Press

/*
英特尔三人组，左起依次为安迪、诺伊斯、摩尔。
同样从仙童出身进入到半导体行业的还有 AMD 的创始人杰瑞·桑德斯，因为他之前是做销售的，没有技术背景，也没啥行业影响力，在刚创业融资时非常不顺利。见杰瑞·桑德斯为难，最后还是诺伊斯投资了 AMD。AMD 和英特尔后来成为对手，所以也可以说，是英特尔一手帮着自己的竞争对手起家的。

© Thomas Nguyen

/*
Intel 4004

机，也给英特尔带来了无上荣光。此时英特尔如果顺势全面转型做处理器，那真的是含着金汤匙入场。可那句话怎么说的来着："当时我就想转型做处理器了，但存储器实在太赚钱了！"

到了 80 年代初，索尼、东芝等日系存储器公司突然崛起，英特尔的存储器在性能和价格上都占不到便宜了，公司的经营状况瞬间由安转危。

为了抵制日本公司的侵蚀，安迪启动了名为"125% 工作方案"的企业高效管理思路。

嗯，企业高效管理思路可能太文雅了，说得稍微通俗点儿就是：

加班，加班，996。

在"125% 工作方案"实施的 6 个月里，安迪逼着员工用爱为公司发电，要求他们必须每天义务加班两小时。谁要是敢迟到早退，公司的"耻辱榜"上必然会出现他的名字。

加班就不能忍了，可安迪在 1982 年的时候还给公司全员减薪，在 1983 年冻结了所有人的工资。

减薪、压榨员工，一时间英特尔成为十里八村远近闻名的"血汗工厂"，谁家要是有孩子在英特尔上班，都得给烧个香念个佛什么的。

于是当时美国的《幸福》杂志直接把安迪评为了

"年度最严厉老板之一"。

但很无奈，在半导体这个行业，瘦死的骆驼就是没马大。安迪折腾了两年也没能逆天改命，英特尔还是沦为了跟在日系厂商后面喝汤的二流存储器公司。

让别人在前面吃肉可不是安迪的风格。于是，安迪开始主导公司转型，向更高端的领域搏一搏，看看能不能把单车变摩托。

现在的结果我们自然知道了，这个所谓的高端领域就是 CPU，英特尔自然也转型成功了，不过对当时的安迪来说，做出这个决定无异于背水一战。

虽然英特尔之前做过几款 CPU，也用交个朋友的售价拿到了不少入门型计算机的订单。可在 80 年代，英特尔真想在 CPU 这个领域立足，还要翻过摩托罗拉这座大山。摩托罗拉的 CPU MC 68000 在当时几乎通吃了高端市场的所有机型，这颗芯片含有 68000 个晶体管，运算能力是英特尔 CPU 的好几倍，惠普、Sun 等用的都是摩托罗拉的产品。

本来就是被存储器行业扫地出门的英特尔，此时却要向一个更高端、更残酷的产业发起进攻。呃……你懂我的意思吧。

不过安迪还是A了上去。

为了省更多更多的钱来研发处理器，安迪决绝地关掉了 7 个仍在生产存储器的工厂，又一口气炒了 7200 多人的鱿鱼。省出来的钱，安迪花在了精心策划的"粉碎行动"上。

/*
一个曾经在计算机界如雷贯耳的公司，后来没落后被甲骨文收购。公司卧虎藏龙，英伟达的创始人黄仁勋，谷歌的前 CEO 埃里克·施密特都曾在这里工作过。

/*
游戏术语 attack（进攻）的简称。

/*
1980 年，安迪发出动员信，率领全体
销售工程师开展"粉碎行动"。

INTEL CORPORATION
3065 Bowers Avenue
Santa Clara, California 95051
(408) 987-8080

intel

TO: All Intel Field Sales Engineers

From: Andy Grove

Subject: OPERATION CRUSH

OPERATION CRUSH is the largest and most important marketing
offensive we have ever undertaken. It is large in terms of our
commitment--it is the corporation's number one key result; it
is large in terms of the manpower we have devoted to it--more
than 50 man-years of CRUSH effort in the next six months alone;
and it is large in terms of its impact on Intel's revenue--over
$100 million in revenue over the next three years.

The importance of OPERATION CRUSH does not come from its size
and business impact alone though. Strategically the success of
this campaign will highlight a significant evolution that has
taken place--and will continue to take place--in our business.
We intend to establish ourselves as offering complete computer
system solutions--in VLSI form. The 4 CPU's, 15 peripheral
devices, 25 software products, and 12 system level products we
will be announcing over the next 18 months are the most
tangible and meaningful testimonials to the reality of this
strategy. OPERATION CRUSH represents the articulation of this
strategy.

As an Intel Sales Engineer you will play a major role in making
OPERATION CRUSH a success. We are counting on your efforts in
two major areas:

   • Sell our total microcomputer solution. Use the
     information in this notebook and follow on material to
     sell your customers on the need for a complete and
     integrated microcomputer solution including both
     hardware and software, rather than just a set of
     components.

   • Exploit all of Intel's resources to win current
     designs. Take the lead in formulating action plans
     that take advantage of all the OPERATION CRUSH
     resources described in the accompanying material.

With your help, I know OPERATION CRUSH and the Intel of the
1980's will succeed!

　　这次行动花费了 200 万美元，同时有 1000 多
个员工参与，目的只有一个——**"把英特尔的产品
打包成一个整体解决方案"**推销给客户。意思就是
你买英特尔处理器的时候，其实买的是英特尔的品
牌，同时还能获得附加产品：英特尔在过去十几年
的技术积累与信誉、量身定制的设计工具，以及长
期的故障处理服务等。

　　安迪给硅谷好好上了一课：科技公司想要取得

胜利，仅靠技术是远远不够的

——还得会讲故事。

这次行动非常成功，直接打动了计算机老大哥 IBM。IBM 此前做计算机所有的硬件都要自己生产，但为了更快地占领市场，IBM 在做个人计算机时决定走捷径，使用现成的、不同设备制造商的组件。刚好英特尔又讲得一口好故事，CPU 就选择了英特尔的组件。

IBM 选择英特尔的另一个重要原因是，Intel 8086 处理器里埋着一个杀手锏：英特尔的新款处理器**完全兼容之前老款处理器们的指令集！**

指令集就好比是一份处理器的说明书，里面记录了指挥处理器执行各种运算时需要调用和激活的指令。

以往的 CPU 厂商们，为了提高性能，每做一代 CPU，内置的指令集都会有不小的改动，可能这一代的"加法"指令是"plus"，下一代又变成了"pl"，再下一代又简化成了"p"。读的"字"少了，运算速度也就快了，但那些给电脑写程序的程序员就惨了：如果想让自己的程序在新款的 CPU 上跑起来，就只能把程序重新写一遍，搞得大家苦不堪言。

然而英特尔没这么干：我宁可性能差一点儿，也要兼容以前的程序。就是因为这么一点儿执着，程序员在英特尔 CPU 上面写程序就轻松多了，英特

© Ruben de Rijcke

/*
IBM 在 20 世纪一直都是计算机产业长期的领导者，在大型机、个人计算机和笔记本电脑上的成就最为瞩目。2004 年，IBM 将个人计算机业务出售给了中国的联想集团。

尔也就自然而然受到了一大批程序员的欢迎。

被 IBM 钦定成官方处理器的英特尔自然也就成了不愁吃穿的大款。IBM 的个人计算机 IBM PC 在发布一年内就占领了 3/4 的市场份额，英特尔也翻过了摩托罗拉这座大山。在接下来的几十年里，IBM 和英特尔建立了长期的合作关系，英特尔也顺势成为计算机 CPU 的霸主。

安迪为了让产品不被淘汰，给研发部门提出严苛的要求：每过 18 个月，英特尔 CPU 的性能都必须翻倍。

这个要求其实对应的是公司创始人戈登·摩尔提出的摩尔定律（Moore's Law），也就是**"随着工艺的进步，在价格不变的情况下，相同面积的芯片每过 18 个月性能会翻一倍"**。看似严苛，但也不是无法达到——只不过研发部门的兄弟们免不了要爆肝一顿了。

英特尔后来也在 8086 的基础上继续研发出了 80286、80386 等等优秀的 CPU 型号。

说到这里，就不得不稍微提一嘴 80386 了。它是世界上最早一批 32 位的 CPU，能支持最大 4GB 的电脑内存条。在此前，最强的 CPU 只有 16 位，最大只能支持 64KB 的内存条，能同时运行的程序自然也就不能超过 64KB 的总大小。但是英特尔的 80386 一下子把支持的内存大小扩大到了上一代的 64000 倍。除此之外，它还首次集成了一颗额外的浮点运算处理器，专门处理科研人员们最爱做的数学逻辑运算，比如现在最火热的 AI 运算。

上面这段七七八八的，反正结果就是，原本制造 CPU 的公司们都是自己搞自己的，一时之间，几乎所有的 CPU 公司都开始偷偷抄起了英特尔的处理器设计。

这时安迪再次施展出了抱大腿的绝技，和微软建立起了革命友谊 Wintel。

当时英特尔的处理器和微软的操作系统都是依托 IBM 的电脑为生，相当于是人家的工具人。为了有能力和 IBM 抗衡，英特尔直接找上了当时风头正盛的微软："咱俩合作，我给你的软件提供最强的 CPU 和硬件调试团队，你做好操作系统之后宣布只支持我们家的 CPU，咱俩双赢，你看行不行？"

正是因为与 IBM 和微软的接连合作，让英特尔从一家年利润只有 2672 美元的小作坊，到 1997 年，变成了年利润 208 亿美元的"超级航母"。

此时的处理器行当里，除了英特尔和 AMD，再找不出来一家能造出像样的 CPU 的公司了。

/*
Windows＋Intel

20 世纪 70 年代，IBM 指定了 Intel 8086 处理器为 IBM PC 的芯片，但 IBM 要求一个芯片要有两家供应商，通过两家公司竞争，既能降低采购价格，又能提高生产效率。于是不情愿的英特尔找到了 AMD，手把手教会 AMD 生产 8086 的技术，使其成为了 IBM 的 8086 处理器第二供应商。

所以说，靠诺伊斯资金支援起家的 AMD，因为美国"第二供应商"行规的存在，在发展早期还接受过英特尔的技术大礼包。早期的 AMD 犹如英特尔身上的"寄生虫"，靠着不断在 Intel 身上吸取养分才活下来，但是！因为最近几年 AMD 技术的发展，以及英特尔的"挤牙膏政策"，AMD 已有一些反超英特尔的趋势。

在 2008 年智能手机开始普及时，英特尔也尝试做手机 CPU，但失败了。所以现在手机上几乎没厂家使用英特尔的 CPU，用的都是高通骁龙、华为麒麟、联发科这些。

在这儿真的想和英特尔说一句：大人，时代变了。

/.
除了这本，安迪还有本回忆录《游向彼岸》，对他的经历感兴趣的朋友，可以买本书细细地看看。

没错，处理器行业几乎被英特尔给一口气包圆了。

于是安迪的过往被奉为经典，不断被推演，科技公司里也或多或少出现了加班文化，CEO 们的书架上也多少会有一本安迪的管理学著作。

当时的安迪，已经可以被称作 CEO 中的 CEO 了，多部安迪的企业管理书籍被引入中国，对国内的企业管理者们也产生了深远的影响。

而安迪在英特尔的老家美国硅谷则更受追捧——甚至乔布斯当年在回归苹果之前，也曾经跑到安迪那里取经。网景公司的创始人马克·安德森如此评价他：**造就硅谷的人如果只能选一位的话，这个人就是安迪·格鲁夫，他为高规格的硅谷公司设立了典范。**

然而，在带领英特尔走向巅峰，成为万千 CEO 的精神教父之后，安迪自己的身体垮了。先是 1998 年的时候，安迪被检查出了前列腺癌；之后又祸不单行，仅仅过了两年，又被诊断出帕金森综合征。

安迪最终于 2016 年 3 月 21 日逝世，享年 79 岁。

安迪这一生，差评君觉得远比很多企业家都要精彩：在匈牙利饱经战火，又在美国大展身手；以技术人员出道，却接过创始人的旗帜，带领英特尔成为芯片行业的巨人。好莱坞如果把他的经历拍成电影，绝对是一部励志又刺激的大片。

有人说安迪是神，但差评君觉得他不是神：一口气开除 7200 名员工、把一个人当两个人用、咆哮式训话、狼性文化，这些事别说神，正常人也做不出来呀。

可安迪在公司面对风险时，有勇气做出大胆的"转型"决策，敢于背上"血汗工厂"的压力逼着公司向前进，而这一切的起因，仅仅是他不想让自己所在的公司成为一家跟随他人脚步的二流公司。

所以安迪不是神，就像他自己说的那样，

"只有偏执狂才能生存"。

他只是一个偏执到极端，偏执到谁都无法超越的偏执狂。

2011 年 10 月 5 日，苹果前 CEO 史蒂夫·乔布斯去世。

万家媒体竞相报道，政治、经济、科技、体育、娱乐等各界大佬纷纷发文悼念，无数粉丝走上街头，他们在小纸条上写上对乔布斯的感谢，贴在离自己最近的苹果官方零售店玻璃墙上，用自己的方式送别这位天才。

如今快十年过去了，仍有大批媒体在每年的 10 月发文缅怀乔布斯。

其实与乔布斯同年同月去世的，还有另外一个大佬。当年他的去世无论是大众还是媒体都鲜有人关心，近十年里提起他的更是屈指可数。

但，这位大佬在计算机操作系统和互联网领域的成就是乔布斯开创苹果帝国的起点，**可以说，他正是用肩膀支撑起乔布斯眺望远方的那位巨人。**

为什么这么说呢？

/*
R.I.P.（愿逝者永享安宁）

因为如果没有乔布斯的话，大家的苹果手机现在可能只是更丑更难用一点，但是如果没有这个人的话，乔布斯根本就不可能去做个人电脑和智能手机。

这位计算机大佬就是丹尼斯·里奇（Dennis Ritchie）。

丹尼斯·里奇 1941 年出生于纽约的布朗克斯维尔，他的父亲阿利斯泰尔·里奇是大名鼎鼎的贝尔实验室的研究员，专职研究电路板。

里奇在上学期间就是个成绩优异的小天才，高

/*
按照里奇的贡献，他本可以名扬四海，家财万贯，但他放弃了这些，甘愿在一家公司当个扫地僧。

中毕业后顺利进入哈佛，最终以物理和数学双学位快乐毕业。在哈佛的时候，里奇去听了一场关于计算机操作系统的讲座，本来就对电子系统非常感兴趣的他，被当年还只见于高端科研实验室和军事基地的"操作系统"这个新奇的概念一发入魂。

操作系统就是一种给用户提供交互界面、管理计算机硬件和软件资源、控制输入和输出的程序。翻译成人话就是，它把人的指令传递给各个电子元件，安排和指挥它们通力合作来实现有意义的结果反馈。

打个比方，你在玩枪战游戏时看到地上有一把枪，你按下 E 键，这个 E 的信号就从键盘传到操作系统，然后操作系统再通知游戏引擎 E 键被按下了，游戏引擎判定玩家要捡起枪了，再反过来经过操作系统通知 CPU 和 GPU（图形处理器），一个负责把捡枪这件事"算"出来，一个负责把捡枪的动作"画"出来，最后再由操作系统把动画展现在显示器上。

你最终在屏幕上看到的画面很简单，就是玩家把枪捡了起来，而在这背后**负责指挥各个部件之间交流的程序就是操作系统。**

当时里奇觉得这种像军师一样接收用户命令，指点电子江山的操作系统实在是太新奇了，比手动拨计算机上几百个开关来控制各种电子元件不知道要高明到哪里去了。

由于哈佛大学当时并没有完善的计算机科学专业，里奇决定马上出门右转，去街对面的麻省理工学院（MIT）找了个工作，开始研究计算机系统和软件。

为了自己的梦想，作为哈佛学子的里奇来到麻省理工发光发热。

因为里奇在 MIT 工作的时候和贝尔实验室有点接触，再加上老爸也在那做事，他就在 1967 年顺理成章地进入了贝尔实验室。

贝尔实验室那时在紧锣密鼓地研发一款划时代的操作系统，这对里奇来说简直正中下怀。

现在大家用电脑的时候，多任务切换已经是稀松平常的事情了，前面做着 Excel 表格，后台 Alt + Tab 一切就是挂机游戏，工作游戏两不误。😎

不过如果你用着当年的电脑的话，就别想后台挂机了：用户一旦启动一个软件，输入一批数据，这台机子这一段时间就只能处理这一件事情。比如第一款做商业和行政用途的计算机 UNIVAC 1，就被美国人口普查局所采购，专门用来统计人口。

对于当年的计算机来说，时间就是金钱，让机器满负荷跑出来的数据对于研究所和大公司来说都是白花花的真金白银，更不要说消耗的人力和电力了。

有效利用 CPU 的计算时间就是在印钞票！

所以，能够做多任务处理的计算机呼之欲出。

第一台能够多任务同时进行的电脑，叫做分时系统（time-sharing）计算机，可以让不同的程序在同一时间处理各自的任务，来满足多个用户同时使用自己的程序的目的，能更高效地利用 CPU 的计算时间。

于是通用电气（General Electric）找到了贝尔实验室和麻省理工学院，打算在自家的 GE 645 电

© Daderot

/*
世界上第一款商用计算机 UNIVAC 1。曾经在 CBS（美国哥伦比亚广播公司）电视台上直播预测过 1952 年的美国大选，计算出的结果和当时的主流预测大相径庭，但最后大选结果却和 UNIVAC 1 算出的预测一致。

脑上开发一个名为 Multics（多路复用信息与计算服务）的交互式操作系统，来达到多用户同时处理多任务的目的。

　　虽说是交互式系统，但当时人和电脑的互动并不像现在大家点点鼠标甚至是戳一下屏幕，操作就完成了，因为鼠标那时根本就没有！如果回到 1960 年，交互是非常简单粗暴的：你对电脑输入一串命令行，它能对你的指令做出即时的反应，人们要背下来很多指令才能操作电脑。

　　刚进入贝尔实验室的里奇在麻省理工学院的时候就听说过这个 Multics 系统，加上自己感兴趣，他二话不说就参加了研发。过程中，他碰到了自己的好友，也是一生中最重要的研究伙伴——肯尼斯·汤普森（Kenneth Lane Thompson）。

　　这两位老哥不仅一头栽进系统的开发，而且还充分地利用了 Multics 的交互特性，抽空给 Multics 系统适配了一个叫做《宇宙航行》（ *Space Travel* ）的小游戏。这个游戏的操作方式现在看来非常原始——你要在命令行里手动输入操作指令来指挥飞船飞行。

　　想象一下你玩枪战游戏的时候前进不是按键盘上的 W 键，而是调出聊天框，在里面输入"人物向前移动距离：5 米；移动速度：1 米每秒"。听起来很复杂，但在当时都算是高级货色了。

　　不过由于贝尔实验室和通用电气对 Multics 这个系统的期望过大，导致整个系统过度研发，变得非常复杂和臃肿，使用起来要消耗大量的人力物力，比如玩一把上面的《宇宙航行》小游戏，竟然要花费掉相当于 50—75 美元的 CPU 计算时间。

　　眼看团队花几年做出了个事倍功半的东西，通用电气很失望，在 1969 年一刀砍掉了 Multics 这个项目。

项目被砍，被没收游戏和机子的里奇与肯尼斯手痒得不行，于是两个人商量好，打算私底下继续研究这种交互式系统，顺便把之前玩的游戏搬运过去。

他们决定把这个系统命名为 Unics，后来演化为 Unix，告诫自己吸收 Multics 失败的教训（作为英语前缀的 uni 是 "单" 的意思，multi 是 "多" 的意思），**删繁就简，积少成多**。

由于 Multics 的失败，贝尔实验室不肯给里奇和肯尼斯买新设备，他们就不得不使用之前留下来的老设备老硬件来开发 Unix，也就是 PDP-7，这也促使他们把目光聚焦在了迷你计算机上。

——确实迷你，大概也就半吨重吧。

不过，虽然硬件很烂，这两位同学开发的情绪却异常高涨，而且 PDP-7 更低的内存和更差的处理性能反而鞭策他们把 Unix 做得更简洁，效率更高。经过了大半年业余时间的爆肝，里奇和肯尼斯终于在 1969 年的圣诞节把 Unix 系统的最初版做出来了。

然而当他们来找贝尔实验室要更好的设备去测试 Unix 的时候，办公室里的其他老哥们依然不信他们能写出一个完整的操作系统来："我们整个团队花了 5 年的时间都没能写出令人满意的 Multics 系统，你们短短一年能做出啥？"

这咋办？

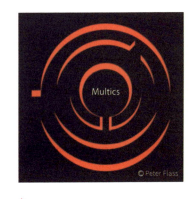

/*
Multics 的 logo（标识）

/*
PDP-7 迷你计算机。这个块头放在今天怎么看都不算迷你，但是比起动辄占满一整个房间的大型计算机，PDP-7 就像过家家的玩具一样。

里奇和肯尼斯巧立名目连蒙带拐地提出：贝尔实验室当时正好缺文字处理软件，他们可以把 Unix 包装成一个"办公室自动化系统"，大概就是一套 Office 软件，可以拿来做文字处理。一顿操作下来，终于说服贝尔实验室买了台当时最先进的 PDP-11。他俩将整个系统迁移了过去，然后暗中传播给办公室里的其他同事用。

结果大家纷纷表示真香，而 Unix 这套系统也在贝尔实验室里慢慢流传开了。

但是里奇觉得这套初版的 Unix 还不是他心目中完美的操作系统。其中最大的原因是 Unix 系统的运行效率有点低，而这个效率取决于编写系统的语言。

这里，我们就要稍微解释一下编程语言和计算机的关系了。

由于计算机是各种电路板的组合，只能理解 0 和 1，没办法直接理解人话，所以人就要用机器语言 0 和 1 来和机器交流。但是一个程序动不动就是几百万字节，也就是上千万个 0 和 1，人手动打这么多个 0 和 1 怕是要打到天荒地老。于是为了写程序方便，我们就需要编程语言，比如想要实现双击打开 Word 的功能，我们写程序的时候写成"当用户双击鼠标时，打开 Word 文档"就好了，这样不需要敲几千个 0 和 1。虽然这行字是用编程语言写的，但到 0 和 1 的机器语言还需要层层翻译，这就需要编译器，相当于机器和人类的翻译官。

但是每个人或者组织编程的时候用的人话又不太一样，比如还是"双击运行 Word"这段程序，有些人可能更喜欢说"当用户点两下鼠标时，运行 Word 文档"，同样，编程语言也有多种，比如 C 语言、Java、Python 等等。这些语言就和标准普通话一样，都有自己的语法、编写标准和对应的编译方法与编译器。

而里奇感到不满意的初版的 Unix 是基于 Basic 语言的，属于**解释语言**，每次运行的时候，编译器都要先把人话解释成机器语言再运行，每运行一次就重新解释一次，做了许多无用功，效率比较低。

与之相对，如果是**编译语言**的话，编写好程序以后点击编译，编译器就会把整个程序都翻译成机器语言打包保存下来，之后每次运行直接用机器语言运行就 OK 了。所以在系统运算资源匮乏的 60、70 年代，编译好的系统能大大提升运行的效率。

碰巧之前在开发 Multics 的时候里奇就设计过好几个不同的编译器，于是他就改良了 Basic 语言，添加了数据类型和数据结构，将其演化成了 C 语言，顺便还给 C 语言加了个编译器，每次写好程序，编译器就直接把程序翻译成 0 和 1 再保存下来，让 C 语言成为编译语言，大大简化了用 C 语言编写软件的难度和流程，也大大提升了 Unix 系统的运行性能。

而 C 语言也随着 Unix 系统的推广迅速成为当年全世界程序员最爱的语言，没有之一。

这里补充一个高级语言和低级语言的概念。这里的高级和低级是指在计算机高低层运行的意思。越低级的语言越靠近计算机底层的 0 和 1 的逻辑，虽然写起来会比较繁琐，但是能直接指挥计算机，运行效率比较高；而越高级的语言就越靠近人类的思维，比如"人物向前移动距离：5 米"这种指令，需要层层翻译才能到达计算机能理解的程度，运行效率会变低，但是写起来却特别容易，比如现在大量编程培训机构主推的 Python 就是典型的高级语言，因为它和人话更像，比较容易上手。而 C 语言这么受欢迎是因为它不仅有高级语言的语法，写起来比较容易，还有着低级语言的运行效率，能直接进行系统比较底层的操作，贯彻了大道至简的原则，语法简单，结构清晰。

里奇还和他的同事布莱恩一起写了本《C 程序设计语言》的教材，就是左面这本。前前后后加起来只有 100 多页，和 C 语言本身一样清晰明朗。

1973 年，用 C 语言整个重新编写过的 Unix 操作系统正式向大众发布第五版，从此以后 Unix 系统的热度就一发不可收，后来的大学研究院、大公司和开发者都纷纷采用了 Unix 系统的标准来编写程序，所以市面上大部分软件也能在 Unix 上直接运行。比如 iPhone 的操作系统 iOS，苹果一系列产品，比如 Mac 电脑、苹果手表 AppleWatch 等，用的操作系统也都是基于 Unix 开发的。

你可能会说"我不用苹果产品啊"，那么很遗憾地通知你，不用 iPhone 的朋友们手上的安卓系统是基于 Linux 开发的，而 Linux 则被称为"类 Unix系统"，因为本质上 Linux 是照搬参考了 Unix 系统以及其各种变体创作出来的。

换句话说，世界上除了 Windows（基于 DOS系统）以外，其他所有现存的操作系统要么是直接

THE

C

PROGRAMMING
LANGUAGE

Brian W. Kernighan • Dennis M. Ritchie

PRENTICE HALL SOFTWARE SERIES

© Julesmazur

/*
里奇和布莱恩合著的《C程序设计语言》。这本书到现在还被非常多的程序员和编程爱好者买来放在家中装饰镇宅用。

基于 Unix，要么多多少少参考了 Unix 的结构。没错，就连深受米粉喜欢的 MIUI 也算是 Unix 的远房亲戚。

快来跟差评君一起喊：

万物基于 Unix！

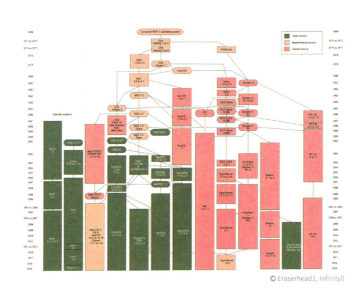

/*
Unix 和类 Unix 系统的演变

© Eraserhead1, Infinity0

而 C 语言的重要性更是不言而喻，除了上面列的一大堆操作系统都是用 C 语言写的以外，毫不夸张地说，现在我们网上冲浪用的几乎所有浏览器和网络服务器都是用 C 语言写的。

那么里奇这么牛■的科技大佬为什么很少有人耳闻呢？

究其原因还是里奇本身就是个非常低调的老哥，和他一起写 C 语言教程的同事布莱恩·柯林汉和另一位同事罗伯特·派克描述他说：**"我和他在同一个走廊里工作了二十**

年，然而我还是觉得自己不太认识他。"

一般人要是有这么个轰动世界的科技发明，说不定早就开始躺着赚钱了，而里奇却明确表示自己并不想通过 Unix 变富翁，只想老老实实待在贝尔实验室，好好聚焦在自己的研究上，继续从事 Unix 相关的工作。连里奇最后成为贝尔实验室软件系统部门的老大，都是经过百般推脱，实在没有办法了才上任的。

里奇在 2007 年正式退休，不过还是每天都去贝尔实验室工作，直到他因为前列腺癌和心脏疾病去世。

大家现在每天用这么多的电子产品，可能很少会去思考它们背后运行的原理，更少会去想它们背后是哪些科学家智慧的结晶。**但是如果有那么一套神奇的显微镜，往各位的手机、电脑上一照，就能看到背后所凝结的各位科学家一点一滴的心血，那么我相信大家一定能看到丹尼斯·里奇做出的不可磨灭的贡献。**

前人栽树，后人乘凉。

而丹尼斯·里奇就是计算机和互联网行业不为人知的参天大树。

看这两张照片——

好看吗？😏

她叫海蒂·拉玛（Hedy Lamarr），是世界上首位全裸出镜的女明星，拍过 30 多部好莱坞影片，曾经被称为

世界上最美丽的女人。

虽然这种称谓是电影公司的营销手段，但能搞这种营销本身也是对她颜值的极大肯定。

有人说美丽的女人一定有特别之处，而这位姐姐，可能是女明星里最特别的一位了，除了拍电影，她还有另一重身份——

跳频技术之母。

这项技术直接影响了现代无线通信系统的发展，只要你使用过移动电话、蓝牙或者 Wi-Fi，你就有必要感谢她。

海蒂·拉玛于 1914 年出生在维也纳一个富裕的犹太家庭，从小家教很严，10 岁开始就需要每天练习钢琴和芭蕾。她父亲是一位懂些机械知识的银行董事，小时候经常教海蒂·拉玛各种机械原理，比如给她讲解手表为什么在转圈、电车是怎么运行的、工厂是如何运转的之类。

尽管从小就饱受机械文化的熏陶，大学也顺其自然就读了通信专业，但海蒂偏偏迷上了电影。1930 年海蒂放弃攻读通信专业后，跟着一个导演来到柏林，开启了自己的演艺生涯。

海蒂有着作为演员的绝对优势，她长得漂亮，演技也超棒。然而，最开始，海蒂可能因为颜值过高盖住了才华，一直被人们当做一个没用的花瓶，并没有引发太大的关注。转机发生在 1933 年。那一年她出演了一部名为《神魂颠倒》（*Ecstasy*）的电影，就是在这部电影里，她成为世界上首位全裸出镜的电影演员。

可能咱们现在对于电影里出现部分裸露片段已经不再奇怪了，但当时的社会非常保守，在电影里展示自己胴体这种操作简直就是明目张胆搞黄色。这部影片瞬间引发了极大的社会轰动，流行杂志们一拥而上，称她为"艳星"。而人们也纷纷认为这

© Paola Severi Michelangeli

/*
海蒂在一次采访时透露，剧本中没有提到需要裸露，所以导演叫她脱衣服时她都惊了……最惨的可能是她父母了，在电影院看到自己的女儿在荧幕上裸奔时，可能世界都黑暗了。
放心吧，你们想看的在这里看不到的。

姐们儿伤风败俗，不少国家直接禁播这部影片。

虽然这部《神魂颠倒》直接给海蒂来了个透心凉，但是也有一些人看完这部电影后对海蒂真就神魂颠倒了，其中就有一个**奥地利的大富豪／霸道总裁／军火贩子：弗里茨·曼德尔**。这位总裁老哥对海蒂发起了猛烈攻势，1934 年成功抱得美人归。

在抱得美人归以后，曼德尔很快意识到了一个问题，不对啊，我老婆这么好看，怎么可以给其他人看？于是他做出了一件也许只有在"霸道总裁爱上我"这样的爽文里才能看到的事：他把市面上所有的《神魂颠倒》全买了下来！！

结婚后，海蒂才发现这个霸道总裁不仅支持纳粹，还是一个病态的控制狂。她被丈夫禁止涉足电影行业，并被软禁在家中。

对这种生活极其不满的海蒂开始试图逃跑，尝试了几次后终于找到了机会——在 1937 年的一次晚宴上，海蒂以身体不适为理由提前回房，把侍女迷倒，穿着侍女的衣服坐火车连夜逃到了巴黎。

对于这次婚姻，海蒂在自述中写道："我就像一件东西，某些艺术品必须被守护，也必须被关押，没有头脑，没有自己的生命。"

其实不仅仅是在她丈夫眼里，在世人眼里也是如此。当时的海蒂还不知道，**在她漫长的一生中，大部分时间世人都只视她为"艺术品"，无人在意她的才华。**

/*
《神魂颠倒》海报

离开曼德尔后，海蒂重新回到了她热爱的影视行业，出演了不少佳片，有了名气也赚了很多钱，但是她并不开心。

因为战争。

当时正值二战，世界各地战火肆虐，海蒂的祖国奥地利也已沦陷，而坐在好莱坞赚大钱，让海蒂感到很不舒服。虽然生活无忧，但面对残暴的法西斯，海蒂仍然想要做些什么，于是她重操旧业捣鼓起了机械发明。

当时美国最大的飞机制造商、"钢铁侠"的原型霍华德·休斯（Howard Hughes），想要制造世界上最快的飞机卖给美国空军。那时市面上的飞机都还是方形机翼，休斯想对其进行改良但一直无果。海蒂知道后，根据鱼类和鸟类的书，将机翼改成了翅膀的形状，制造出了当时世界上最快的飞机。

前面说过，海蒂的前夫曼德尔是个军火商，在他们那四年的婚姻生活中，家里的客人有不少武器专家，会面时曼德尔都会让海蒂陪同。受益于这段婚姻，海蒂对当时的前沿武器技术有不少了解。

1940 年的夏天，海蒂·拉玛遇见了一个略懂塑形和武器的钢琴家乔治·安塞尔（George Antheil），这两个人一见如故，一路聊天，从丰胸狂飙到了鱼雷。

早在一战的时候，鱼雷已经成为仅次于火炮的主要舰艇武器，被鱼雷击沉的舰艇占被击沉的舰艇的半数，所以各国军方都很重视鱼雷。到了二战前期，鱼雷已经有了很多改良，但可操控性仍然不太行。

在当时，你要想使用鱼雷，得在发射之前就设定好鱼雷航行的方向和深度，发射后听天由命。虽然大家有想到可以用无线电去改善鱼雷，但没人愿意这么做。

为啥呢？

我们在学物理时知道，周期性变化的电场可以产生电磁波，电磁波可以以无形的方式在我们生活空间里不受遮挡物的影响随意传播，比如医院拍X光。这是很好的特性，所以人们就想，那我们干脆就用**电磁波来传递信息**好了。

具体怎么传输呢？举个不太严谨的例子，比如用电磁波来传递声音。声音里的信息是通过声波传播出去的。电磁波是波，声音也是波，理论上来讲，只要我们模拟出和该声波类似的电磁波并发射出去，就相当于把这段声音发射了出去。然后我们再在另一个地方接收这些电磁波，最后通过波形把电磁波转换回声音。

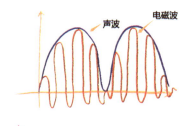

/*
电磁波模拟声波

数据传输大概也是这么一个原理。咱们用手机百度，输入问题并按下确认按钮时，手机会将这个信息转换成电磁波并且发射出去，接收器将收到的电磁波转换为信息，向服务器发出请求，服务器再把你需要的信息按照同样的处理方式发给你的手机。

但是，请注意：电磁波是需要占用无线电频段的，但是当时的电磁波整个传输过程只能在一个无线电频段上完成。**这就相当于一条路上有很多条车道，但这辆车只能在一条道上跑。**

因此，在那个年代，如果用电磁波去引导鱼雷，敌方很容易就能够探察到，然后对这个信号进行干扰，鱼雷就会偏离目标。这就是大家不愿意用无线电波去引导鱼雷的原因。

而海蒂跟乔治这两位钢琴家，在看到自动钢琴的琴谱时注意到"改变不同琴键就可以改变声音"，突然，他们犹如**莫扎特和赫兹同时灵魂附体**，灵光乍现，从弹钢琴联想到了发射鱼雷：

既然总在一个车道上跑会被发现，那我不断切换车道，不就可以了吗？

他们的具体设想是这样的：让信号发射时不断切换"车道"，且在每个"车道"上仅发送整个信息的一小部分，这样敌人不知道信号跳跃的规律就没办法对信号进行干扰了，而信号的接收方用"原路返回"来接收信息就可以了。

这样不仅能保证通信的抗干扰性，保密性还非常高，在当时简直牛气到不行啊！😎

于是两位艺术家揪着这个想法一顿完善，然后拿着去申请了专利，并且把它交给军方，希望能为战争尽早结束尽一份力。

可是，海蒂把他们的共同专利提交上去后，美国军方拒绝了她。因为他们的想法过于先进了，当时还没有晶体管及集成电路支撑这个技术的实现。民间也有一种说法是，军方了解到她前夫和希特勒做军火生意，猜测她可能是一个卧底在玩弄军方，于是拒绝了她，并将专利封存了起来。

当时，美国军方还不忘给海蒂留下一个"善意"的提醒：你要是真想帮忙，还不如用你的美貌去帮政府卖点战争债券，为军队筹集军费。

　　海蒂听完真就跑去卖这玩意儿了，还卖出去了 2500 万美元。

　　而她的专利始终没有受到重视，尽管在 50 年代之后，美国军方利用这个技术研发了许多产品，比如越南战争中使用的遥控无人飞机，以及在古巴导弹危机期间，美国利用跳频技术以隐蔽通信的形式在军舰之间构建了海军封锁。这些都是军方在秘密使用这项专利。

　　而海蒂在影视圈孤苦飘零三十年，却始终无法摆脱"花瓶"标签；经历过六次失败的婚姻，却找不到自己的幸福。

美人迟暮，名将白头。

　　随着海蒂年老色衰，她在好莱坞的事业慢慢枯萎，她最终在 44 岁那年出演最后一部影片后消失在了人们的视野之中。

　　1991 年，人们再次看到海蒂的新闻时，是她被认为是一桩盗窃案的小偷。昔日追逐她美貌的媒体开始扒出她晚年的黑料：偷窃、沉迷毒品、被指控诬告强奸，以及是一个严重的整容手术成瘾患者。

　　包括海蒂自己在内的所有人都没想到，六年后，海蒂的名字仍然会在人类史上重新绽放，只是这一次，不是因为美貌或绯闻，而是因为智慧。

　　人们终于看到了——1997 年，83 岁的海蒂接到美国电子前沿基金会的电话，他们决定授予海蒂·拉玛"电子前沿基金会先锋奖"。

　　这一年，以 CDMA（码分多址）通信技术为基础的 2G 走进了人们的生活，它拯救了早前通话不清晰、接通率堪忧、背景音贼大的通话时代，让人们使用手机的体验有了质的飞跃。

原来，在 1985 年，一家名不见经传的小公司在一大堆文件中翻出海蒂当年的专利，并以此为基础，悄悄研发出了 CDMA 无线数字通信技术，这个不知名的小公司，就是现在的世界 500 强——高通。

"电子前沿基金会先锋奖"是海蒂收获的电影之外的第一个奖项，紧接着，人们注意到 Wi-Fi、蓝牙等无线通信技术，其实都是基于海蒂所发明的跳频技术才有了重大突破。可她的专利却早就过期，她一生未能从中收获一分钱。

2000 年 1 月 19 日，海蒂被发现死在家中的床上。警方称她是在睡梦中去世的，因为发现她时，她卧室的电视还开着。

迟到的荣誉纷沓而来，海蒂登上《美国发明与技术遗产》科技杂志的封面，被科学家们尊称为 CDMA 技术之母；《卫报》曾写道："If it wasn't for Hedy Lamarr, we wouldn't have Wi-Fi.（如果不是海蒂·拉玛，我们将没有 Wi-Fi。）"

2014 年，人们将她列入美国发明家名人堂，与她同列的名字有发明电灯的爱迪生、发明交流电的特斯拉、发明飞机的莱特兄弟……

2015 年 11 月 9 日，谷歌特地在搜索首页 logo 位置嵌入了一条长达 1 分 16 秒的动画视频，纪念她的 101 岁诞辰。

/*
高通总部。高通通过无线技术开启了移动互联网时代，我们使用过的 3G、4G、5G 手机都有它的发明，这个意思就是全球的智能手机厂商都需要向它交专利费。单说 5G 手机，每台 5G 手机都要给高通交 5% 的专利费（一台手机 2000 块钱，高通赚 100 元）。高通的做法引起很多企业和政府不满，经常要因此被反垄断调查，它也被称为是一家"律师比工程师多的科技公司"。

/*
谷歌为纪念海蒂而制作的动画视频

海蒂·拉玛的跳频技术在无线通信技术历史上是功不可没的存在，但回顾她的一生，不免让人惋惜。美貌本是一个人可遇不可求的优势，是上天的赏赐，可是于她，又何尝不是一个拖累。

美貌对于海蒂·拉玛的一生来说只是昙花一现，留存的电影也局限于某个地区或者时代；而只有她的发明，在不断的迭代中长存，造福人类。

**她如一朵永生花，
在历史中永远绽放。**

先讲一个暴露年龄的故事：

在差评君小的时候，全国的网吧都还没几家，放学后除了踢球和玩弹珠，唯一能玩到的电子游戏就是街机。

无数小朋友背着家长，在街机厅的前台掏出了自己辛苦攒下的零花钱，然后迅速找空位子坐下，投币选人，摇杆按键一气呵成。技术菜的三五分钟就结束了快乐的时光，而操作好的一个币能玩一下午。

那时候，朋友之间交流可以不知道《拳皇》里的"草薙京"的"薙"怎么念，但是你不能不知道"八神庵"的必杀该怎么放；你可以不知道《合金弹头》角色们的名字，但是你不能不知道其中各种弹药的作用……

是的，这都是上世纪 90 年代的事儿。

如果你对这样的童年完全无记忆的话，你可以叫差评君一声叔叔了。

现在我们去一些大型的游戏厅，仍然可以见到几台街机立在里面比较隐蔽的角落，可遗憾的是，这些游戏已经鲜有人玩了。

街机在 80 年代传入中国后一度辉煌了十几年，承载着无数人的美好回忆，不过后来随着主机及电脑游戏流行起来，街机走向了没落。现在一出生就能玩各种手机与电脑游戏的孩子们，可能不知道，街机是这些游戏的爷爷辈了。

© Cicada Stran

/*
各位朋友可以放下手机，去商场里体验一下街机游戏。

/*
电影《头号玩家》里的头号反派"诺兰"的原型就是诺兰·布什内尔，电影里还隐藏了很多和他有关的彩蛋。

而发明街机的老爷子，今年已经 78 岁了，依然奋斗在游戏行业的第一线。他就是诺兰·布什内尔（Nolan Bushnell）。他发明了街机，创立了曾经的美国游戏业霸主企业，推出了世界上第一台家用游戏主机，乔布斯还给他打过工。

可以说，在电子游戏史上，诺兰·布什内尔绝对是一个永远绕不过去的名字。

1943 年，诺兰出生在美国犹他州的克里菲尔德，从小就是个发明天才。一开始他把自己的卧室和车库变成了实验室，捣鼓无线电之类的玩意儿，他母亲每次进他房间都要做好预防触电的相关准备，以防被儿子"电疗"。

这些实验还能算在正常小孩的游戏范围之内，但后来的诺兰就不再满足于无线电之类的东西了。他有一次把一个一百瓦的灯泡装在了风筝上，专程在夜里放飞，想要制造出一种战斗机突袭的效果。他甚至还专门制造了一个液体燃料火箭引擎，捆在了自己的滚轴溜冰鞋上，想让自己成为小镇上最快的仔。

结果，差点儿把自家车库给烧了。

长大后，诺兰先是进入了犹他州立大学就读，但是因为成绩不好，就换了个学校，去了犹他大学工程学院，**光荣地以倒数第一名的成绩从电子工程**

系毕业。

按说诺兰这种小孩儿，小时候脑袋那么灵光，不至于混成这德行吧？这么差的成绩当然是有原因的，就和许多大学生一样，诺兰整个大学时期都沉迷在计算机机房里玩一个叫《太空战争》（*Spacewar!*）的游戏。

《太空战争》作为世界上第一款真正意义上的娱乐性质的电子游戏，是 1962 年麻省理工学院的几个学生发明的。这个游戏可以让两名玩家各自用摇杆和按钮控制飞船，在太空中互相发射鱼雷对战。

由于当时能玩游戏的计算机只有科研机构、大企业、学校之类的地方才买得起，一到暑假，学校计算机房就关了，诺兰就没得玩了。

那会儿的他满脑子就只有一个想法：**能不能把这类游戏改成在电视机之类便宜的东西上也能玩的？这样就可以在家没日没夜地玩了！**

暑假没游戏玩，他也没闲着，没事儿干就跑去马戏团门口摆地摊，卖卖口香糖之类的小东西。后来他去了个游乐场打工，在这个过程中他还学会了玩中国象棋。

1968 年，大学毕业后的诺兰想去可以边玩游戏边赚钱的迪士尼工作，可惜被迪士尼拒绝了。

没办法，为了维持生计，诺兰去了一家叫做 Ampex 的磁带存储设备制造公司当起了工程师。成为上班族后的诺兰，白天去公司上班，晚上回家，

/*
能玩上这款游戏的人，在当时绝对是"高玩"了。

过上了两点一线的生活，不过他心里做游戏机的梦想一直都没有熄灭过。

直到 1971 年，英特尔研发出了世界上第一款微处理器 4004。这是第一款用于计算机的四位微处理器，只有 2300 个晶体管，功能非常有限。但是看到这个消息的诺兰高兴坏了——他可以用 4004 作为核心，做一个梦想中的"游戏机"了！

诺兰的老婆也很支持他，为了让他安心捣鼓游戏机，她买了一张双层钢丝床让两个女儿睡上下铺，腾出小女儿的卧室给诺兰当工作室，还拨了 500 美元的创业资金。

这么好的老婆上哪儿找去？？？

就在这个简陋的小工作室里，诺兰把微处理器作为主要部件，添加了一些中小规模的集成电路，配上 19 英寸的屏幕，做出了一个投币就能玩的"大盒子"——"电脑太空"（computer space）。

这个"大盒子"比台球桌之类的东西小得多，非常适合摆放在酒吧等公共娱乐场所供客人玩电子游戏，这样的机器之后有了一个统一的称呼——**街机**。

以前酒吧等娱乐场所为了让无聊的客人有些消遣活动，都会放上弹珠机、台球桌、自动点唱机这"老三样"。而这种可以玩"电子游戏"的街机出现后，酒吧也把街机加入了"必备清单"之中。等

©Alex Handy

/*
computer space

到街机种类丰富起来，才有了开头讲的专门用于玩游戏的街机厅出现。

这个街机上的游戏是诺兰和好友泰德·达布尼（Ted Dabney）合作开发的，就叫做《电脑太空》，是当年诺兰沉迷的《太空战争》的街机版本。

随后他俩把这个街机授权给了位于硅谷的一家公司，让他们负责机器的生产和销售。不过这个游戏由于操作太过复杂，销量很差，给了诺兰一个很大的教训。

诺兰和泰德·达布尼吸取了这一次的教训，明白了市场需要的是操作更简单、更容易学习的游戏。在 1972 年，两个人一合计，自己开了个公司，公司的名字叫**雅达利（ATARI）**。

一开始雅达利只做乙方，为别的公司设计游戏，比如雅达利的第一份合同就是给一家公司做了个驾驶游戏。后来他俩聘请了个叫做艾伦·奥尔康的计算机工程师，想自己做游戏。艾伦的确有着非常丰富的计算机编程经验，但其实根本没开发过任何电子游戏。

诺兰就像所有难搞的甲方一样，给了艾伦一个非常模糊的需求：创造一个包含"一个移动的点、两块板和计分板"的电子游戏。

有一说一，任何乙方听到这样的需求，第一时间都想掀桌子不干了，需求都不会提，你当啥甲方呢？！好在后来诺兰又详细解释了一下游戏的大概

/*
ATARI 这个名字的来源是日本的一个围棋用语，相当于中国象棋里的"将军"。他们起名字的时候并不知道，雅达利这个"将军"，后来真的成了引领电子游戏产业的将军。

想法，就是"类似两个人在打网球"，艾伦才得以继续制作游戏。

1972 年 9 月，游戏终于完成了，诺兰和艾伦·奥尔康把这个游戏命名为 *Pong*，灵感来源于击打乒乓球的声音。

游戏的玩法很简单，两名玩家分别操纵自己的球拍移动，把屏幕中间的球弹向对面，只要一方没接住，对方就获得一分。

除了这些基本规则之外，奥尔康还加入了许多自己的想法，比如：球在场上待的时间越久，速度就越快；把球拍分成了八段，每段上弹回球的角度都不一样；等等。

他们决定先把这个游戏机放到一个酒吧里给顾客试玩一下，看看大家的评价。

有个有趣的故事是，酒吧安装了 *Pong* 之后，第二天一早，酒吧老板就打电话把诺兰给吵醒了，跟他说游戏机出了故障，叫他赶紧把这破玩意儿搬走。诺兰来到酒吧检查了一下，发现自己不能把钱塞进游戏机，于是他打开机器检查，发现游戏机的盒子里居然装满了钱，再也塞不下了。

Pong 一经推出，酒吧里的顾客就疯狂地爱上了它。

眼看它这么赚钱，诺兰就想着大量生产这个游戏，可是当时他手头并没有足够的资金，找了两家游戏公司谈合作都被拒绝了，最后诺兰孤注一掷，

/*
当年的 *Pong* 游戏界面

找了银行贷款，才堪堪完成了 *Pong* 的生产。

1972 年 11 月 29 日，*Pong* 正式发布。

作为雅达利成立后推出的第一款游戏，*Pong* 承载着公司所有人的希望，而它也没有让诺兰他们失望。

当时诺兰他们测试 *Pong* 的那个酒吧在安装这个街机后，顾客数量大增，*Pong* 一台机器就能赚到比其他的诸如自动点唱机、弹球机之类的娱乐设施的收入总和更多的钱。而在 *Pong* 正式发布后，在两年内的销量就增长到了 8000 台，雅达利的销售额也达到了 1500 万美元。

英特尔发布的微处理器 4004，还没来得及带来个人计算机的革命，就已被诺兰用来搞得游戏机无处不在。自从有了诺兰，这个年代的孩子们有了不同于以往的玩具。

老板诺兰自己除了玩游戏和发明游戏，别的啥也不爱干，雅达利这个公司在硅谷也是出了名的"怪人和疯子乐园"。

公司生产装配线上的工人都是摩托车飞车党、嬉皮士、退学生之类的，车间就和酒吧似的，工人们邋里邋遢，穿着奇装异服，还常常在车间开派对，公司为此还专门准备了大量的啤酒。漂亮女员工的名字甚至会被拿来当新产品的代号。

当有重要客户来参观厂房时，诺兰会紧急清理打扫一下厂房，然后让穿着奇怪的工人躲到大纸箱

>|
这样的环境，酸了酸了不是？

里，直到客人走了再出来。

雅达利的工人里，就包括 19 岁的乔布斯。这是当年乔布斯写的工作备忘录。

后来乔布斯要创业时，找到诺兰，说自己做出了一个可以创造 1000 万美元利润的产品，希望诺兰能拿出 5 万美元投资苹果。诺兰听了后对他的想法很欣赏，然后拒绝了他。而乔布斯给雅达利留下的最值钱的东西，大概就是当年乔布斯写的这个备忘录，在 2012 年，这张备忘录被卖出了 27500 美元。

当然雅达利的工作环境不是要讲的重点，说回正题。

继火爆的 *Pong* 街机之后，雅达利于 1977 年推出了一款神仙级别的产品——雅达利 2600 游戏主机。

雅达利 2600 是史上第一部真正意义上的家用游戏主机，算是现代游戏机的鼻祖，具有划时代的意义。

在这之前，所谓的家用游戏机大多自带显示器，且控制器是集成在主机上的，而雅达利 2600 巧妙地利用了电视机作为显示屏，降低了成本，还提升了视觉效果。更重要的是，之前的游戏机的游戏都是固化在主机存储器上的，一旦玩腻了这个游戏，主机也就完蛋了，而雅达利 2600 开发了可以更换的游戏卡带，玩家可以在不更换主机的情况下玩到不同

© Evan-Amos

/*
雅达利 2600，买回家连上电视插上卡带就能玩。

的游戏。

从 1977 年上市发售到 1992 年停止发售，雅达利 2600 一共卖出了 3000 万台，占据了 44% 的市场份额，也就是说，当时在美国差不多每两台游戏机里就有一台是雅达利 2600。仅仅是 1980 年一年，它就为雅达利带来了接近 20 亿美元的利润。

不过这个钱和诺兰没有一毛钱关系。

为啥呢？

开发雅达利 2600，一共耗费了七年，1976 年，公司因无法负担巨额的开发费用陷入财政危机，诺兰最后把公司以 2800 万美元的价格卖给了华纳，与华纳签订了七年不竞争条款。当初合伙开公司时他占一半股份，所以他一下子就有了 1400 万美元。

华纳接手雅达利之后，往公司管理层派了许多自己的人，和诺兰产生了巨大的冲突，诺兰于是就拍拍屁股走人了。

这之后的雅达利凭借雅达利 2600 以及从南梦宫那边买来的《吃豆人》，成了美国电子游戏行业的霸主，大量的游戏开发商都在为雅达利开发新的游戏。在 1982 年一年的时间里，美国市场上就出现了接近一万款游戏。

可是因为雅达利对于自家游戏的管理非常不严格，几乎是什么游戏都能上线，导致大量游戏开发者都热衷于开发同质化的垃圾游戏，连华纳自己都想赚快钱，利用自家的著名电影《外星人 E.T.》做了个游戏，在圣诞节前开始疯狂打广告做推广。

但这个游戏却是一个开发时间仅为六个星期的割韭菜产

/*
白瞎了 E.T. 这个大 IP 了

物。现在的游戏光是人物设定可能都要花费超过几个月的时间，而游戏《外星人E.T.》的作者却把写代码、写设定、画场景、设计游戏玩法之类的所有工作压缩到6个星期之内，可想而知做出来的游戏有多烂。

虽然《外星人 E.T.》在发布前广告打了不少，但可能游戏玩家被垃圾游戏给整出了心理阴影，结果在本应大卖的圣诞节市场上，华纳自己的《外星人 E.T.》准备了 400 万份，最终只售出了 150 万份。

要是那时候有线上打分系统，画面粗制滥造、毫无游戏性的《外星人E.T.》一定能收获整整150万个差评。

这些多出来的卡带和其他存货，光是每天的仓储费用就是一个巨大的数字，华纳为了及时止损，最终居然在一夜之间让这些游戏卡带全部"消失"了。后来有新闻报道，这些游戏卡带都被华纳埋进了新墨西哥州的阿拉莫戈多垃圾镇，用以掩盖这一次巨大的商业失败。

这一事件被称为"雅达利冲击"，直接导致了美国玩家对美国电子游戏厂商彻底失去信心，反倒是日本游戏行业趁着这个势头崛起了。1985年任天堂在欧美开始发行 NES，也就是游戏史上著名的**红白机**，凭借着《大金刚》《超级马里奥兄弟》等经典作品，让崩溃后的美国电子游戏界又续上了命。

这之后的美国家用游戏主机圈子，就是索尼和

/*
红白机 NES

任天堂两家日本游戏厂商的龙争虎斗。任天堂有 NES 这一王牌，在这之后推出了 Game Boy（右侧上图），索尼在 1994 年也推出 PlayStation（右侧中图），这些名字共同铸就了 80 后、90 后的童年回忆。

在这期间，雅达利虽然又陆续推出了各种主机，可完全打不过这两个"外来户"。直到 2001 年，微软推出了初代 Xbox（右侧下图）游戏机，美国自己的主机行业才算是迎来了真正的复苏。

不过这些都和诺兰没关系了，小时候诺兰的老爸就跟他说过一句话：

疯狂地工作，是为了疯狂地享乐。

诺兰把这个理念贯彻得非常彻底；诺兰和当年支持自己创业的老婆，买了一艘帆船，把它命名为 "Pong"；他喜欢抽着烟和美女一起泡澡。

1977 年，诺兰用手头的钱又进行了一次创业，他开设了一家叫 Chuck E. Cheese's 的比萨餐馆。这个餐馆主打快餐和电子游戏、动画等娱乐活动的结合，在等待比萨烤熟的时间里，孩子们可以用免费的代币去玩游戏机，而父母则可以在旁边的房间休息看动画。

1983 年，雅达利因为"雅达利冲击"带来的巨额亏损进行了硅谷有史以来最大的一次裁员（共 4000 多人"下岗"，不久后的 1985 年，英特尔裁员 7200 人打破了这个纪录）。这时候诺兰跳了出来，

© Evan-Amos

© Evan-Amos

© Evan-Amos

/ *

微软曾乐此不疲地想做游戏机，它扶持过世嘉，也曾试图收购任天堂，还曾与索尼合作，但都无功而返。最后，公司内部花大价钱打造出了 Xbox，为美国的游戏产业回了一口老血。

当然不是为了扮演救世主，他声称到 1983 年 9 月 30 日的晚上 12 点，他离开雅达利时签订的七年不竞争协定就要到期了，他打算卷土重来，再度生产游戏机。

华纳给诺兰吓得不轻，最后悄悄找到了诺兰，给了诺兰一笔没公开数目的钱款，保留了专利权。

诺兰"敲诈"成功。

巧的是，诺兰拿了这笔钱没多久，Chuck E. Cheese's 就开始负债，诺兰当年就辞去了董事长职务，跑路了。

在自己的公司遇到危险的时候，诺兰永远是第一个逃跑的。

按照他的解释是，**"我不是在创业，就是在创业的路上"**。

2010 年，诺兰又创办了 Brainrush（头脑冲击），他拥有宏伟的抱负，希望通过游戏改造美国教育，把枯燥的教育变成有趣的游戏。六年后，诺兰涉足手游与 VR（虚拟现实）领域。具体的游戏差评君也没体验过，所以诺兰究竟是宝刀未老还是晚节不保还不好说。

诺兰的为人品行我们无法下定论，但是从始至终，可以看出来，诺兰是一个真正的游戏热爱者。他一手创造了美国电子游戏产业的辉煌，在黯然退场后又继续创业，每一次的创业始终围绕着"游戏"这个主题。

对于诺兰来说，工作、事业哪怕是妻子都是可以因为"不合适"而放弃的，只有游戏才是他终其一生都不会抛弃的东西。

大概，这就是游戏人生吧。

虽然诺兰最后一次的创业还没啥大动静，但差评君希望他这次能坚持到底，千万别在危机时刻又抛弃自己创办的公司了……

了不起的
比尔·盖茨
AMAZING

前半生疯狂赚钱成为世界首富，后半生努力花钱变身慈善大亨比尔·盖茨（Bill Gates）是一个什么样的人？

企业家，慈善家，还是前世界首富？

这些标签对他来说其实没有什么特别的意义。

从 1995 年开始，比尔·盖茨蝉联了 13 年世界首富，国内民众也因此认识了这位创办微软的企业家。有意思的是，大家并没有嫉妒他的财富，反而非常热衷于讨论如何才能把他的上千亿美元花光。

有人计算出，他如果每天都花 100 万美元的话，需要连续花上 270 多年；如果把他的钱全拿来买汉堡，能买 400 多亿个……比尔·盖茨倒是不担心这个问题，他从微软退休后，和自己的妻子梅琳达成立了一个慈善基金会，从 2000 年开始，他已经捐赠了 538 亿美元。

国内一些营销号文章喜欢把比尔·盖茨吹成是成功学的代表人物，说什么他靠着努力上了哈佛，然后辍学办了微软，最后克服各种艰难险阻取得了今天的地位，诸如此类。但其实根本没说的那么难，**如果把人生比作一个打怪升级的游戏，那么比尔·盖茨刚进游戏就几乎是满配的神装。**

© Gisela Giardino

/*
据说比尔·盖茨现在最大的烦恼是如何把自己的钱花出去，差评君也想有这样的烦恼。

盖茨基金会过去二十年538亿美元捐赠支出构成

其他慈善项目 10%

美国本土项目 16%

全球健康项目 29%

全球发展项目 45%

来源：比尔及梅琳达·盖茨基金会

© gatesletter.com

/*
比尔和妻子梅琳达成立的基金会在帮助贫困人群扼制传染性疾病、确保未成年人成长、增强妇女改善生活的能力方面取得了很多突破。

1955 年，比尔·盖茨出生在美国的西雅图，他老爸是当地著名的律师，母亲是银行系统的董事，外公曾担任过国家银行的行长。

在美国，这样的家庭配置基本就能定义为上流社会，更通俗点说就是富人阶层，有一幢漂亮的大房子，什么都不缺，每年还有好几次家庭旅行。

有这样的成长环境还不是最让人羡慕的，比尔还拥有一个常人难以企及的聪明大脑。他记忆力超群，看书的速度非常快，而且看一遍后就能记住大概 90% 的内容。他生来就对数字十分敏感，早期在微软当 CEO 那会儿，每天到公司停车场把车牌号扫上一眼，就能知道今天有哪个员工没来上班。

比尔有一个聪慧的大脑，然而他也有一个被同龄人欺负的童年。所以从很小开始，比尔就喜欢把自己关在房间里面，不知道在钻研些什么东西，有时候一关就是好几天。

他老妈只能通过一个装在门上的对讲装置和他说话，但凡问到他在干吗的时候，比尔就会大叫道："我在思考！你们难道没尝试着去思考过吗？"

为此比尔的父母很是头疼，觉得可能是家庭的教育方式出了啥问题，他们甚至每周都会全家一起去看心理医生。

这事儿听着有点荒唐，却印证了一句话——

天才和疯子往往只有一线之隔。

庆幸的是，他们的儿子其实并没有什么问题，在进入湖滨中学之后，就显现出了惊人的学霸气质。据他自己说，他曾经想过在考试的时候故意考得差一些，可身体总是不由自主地全力以赴，考得高分。

这种技能真是羡慕不来的。

在学校里，学霸基因得以展露，他的性格也有了转变，他成了班上的活跃分子，并在这里结识了一大群后来在事业发展上的好伙伴，其中就包括微软的另一个联合创始人——保罗·艾伦（Paul Allen）。

保罗大比尔两岁，他在湖滨中学成立了一个计算机社团。由于比尔在全国的数学竞赛中取得了很好的名次，吸引了保罗的注意，于是保罗就把他拉进了社团里。保罗激发了比尔对计算机和编程的兴趣，他从此一发不可收，被代码的世界深深吸引了。

渐渐地，计算机社团在当地小有名气起来。

就这样，时间来到了 1971 年，比尔读高三，湖滨中学和当地的一所女校合并。学生变多之后，课程安排就成了大问题。湖滨中学的校长求助比尔，请他为 400 个学生设计课程安排。要知道，当时还没有 Excel 这样方便的统筹工具，比尔的任务就是用代码敲出一个这样的软件：满足学生选课需求的同时，让课程排布不起冲突，另外还要避免老师们连续上好几节一样的课。此外还有很多限制，比如因为隔音不好，所以楼下合唱队练习时，楼上就不能敲鼓。

再比如，比尔还要把自己排到全是女生的班级

© Bruce Burges

/*
保罗比比尔高两个年级，但看起来好像大了 20 岁。
顺便说一句，这个计算机社团当时的指导员是史蒂夫·罗素（Steve Russell），就是在麻省理工学院读书时发明了世界上第一个电子游戏《太空战争》那位老哥。

里。

时间只剩下 15 天，比尔打电话给保罗求他帮忙，于是两个人在机房里支了两张床，通宵达旦地敲代码，赶在最后期限之前几个小时写完了程序，接着帮所有人把课程安排打印了出来。

没过多久，附近的学校也想让他们俩帮忙排课，两个人慢慢发现，不仅是学校需要排课，其他各行各业对计算机的需求都越来越大。比如用软件来分析本地道路交通流量，统计各个地点的车种、拥堵时间段等要素，就可以帮助政府做出更好的市政规划。

又或者是某家水利公司想实现系统计算机化，找上他们为公司的计算机编程。为此比尔休学了一个学期，和保罗一起合作完成了整个公司体量的软件编写。

这一次的休学经历其实为比尔之后从哈佛辍学埋下了伏笔，毕竟学校里并没有这么多实践的机会，码农在课堂上码出来的程序大都有点纸上谈兵。自此以后，比尔和保罗这对黄金搭档就通过这样的方式疯狂吸取养分，积累经验，等待一个机会的出现。

1975 年 1 月，比尔已经是哈佛大学大二的学生。这一年，埃德·罗伯茨（Ed Roberts）基于 Intel 8080 推出了世界上第一台个人电脑（PC）ALTAIR 8800。它当时的售价不到 400 美元，一个美国的中产家庭完全能消费得起。当时的著名硬件杂志《大众电子》在封面摆上了它的照片，这或许在宣示着家用计算机时代的到来。

这台 CPU 频率只有 2MHz、内存只有 4KB 的计算机很快就引起了比尔和保罗的注意。

与现在不同的是，这台计算机只是硬件的集合，出厂时并没有操作系统，要想使用它，就只能用计算机面板上的各种开关输入装置来操作。它需要用户对底层机器指令非常熟悉。这样操作电脑相当痛苦，普通人根本无法使用，即使计算机爱好者也很难上手。

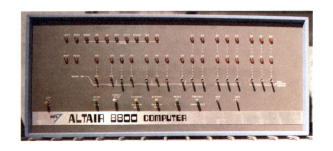

© Todd Dailey

/*
操控面板上布满了红灯和拨杆开关。第一行的拨杆开关可以用来输入数据，向上代表"1"，向下代表"0"。第二行拨杆开关代表着"ON/OFF（开/关）""DEPOSIT（寄存）""RESET（重置）"等指令，输出的数据可以看小红灯的显示。如果真的想学会操作这台机器，那你得熟记 Intel 8080 CPU 的指令集，还有 Altair 8800 的使用手册。

比尔敏锐地察觉到这背后的商机，他认为电脑将会是一个宝贵的工具，它们将出现在每个办公室、每个家庭的桌面上，只不过现在的机器对于大多数人来说门槛太高了。基于以上使用计算机的情况，比尔和保罗认为**有必要给这个电脑编写一个便于操作的语言环境。**

他们选择了将 Basic 语言编程环境移植到这台机器上，以后大家就可以用 Basic 语言进行编程了。因为当时使用 Basic 来编程的人不算少，Basic 的设计目的也是为了方便初学者掌握，在大学中非常普及，普通人学习门槛也很低。

在日夜不停地工作几个星期之后，他们把编好

/*

此图就是比尔与保罗为 Altair 计算机写的程序纸带。当时的计算机也能够通过连接电传打字机进行操控，不过它需要将程序一股脑先打在纸带上，然后再将纸带导入计算机里运行。如果不外接显示器的话，这个计算机输出的信息都显示在打印机的纸张上。

的代码打在了纸带上，准备去给罗伯茨展示成果。

罗伯茨测试后，觉得比尔和保罗设计的软件非常不错，就提出和他们俩合作，捆绑软件销售 Altair 8800。

干柴遇见了烈火，创业的火花一点就着。1975 年，20 岁的比尔决定从哈佛辍学，和保罗合作成立了微软（Micro-Soft），他当总裁，保罗当副总裁，一门心思开始写商业软件。从这个历史节点开始，商业软件正式在计算机上运行，微软这家传奇的科技公司对人类社会的巨大影响由此开始。

差不多同时，远在硅谷的史蒂夫·乔布斯（还在雅达利上班）与史蒂夫·沃兹尼亚克在"自制电脑俱乐部"看到 Altair 8800 后，也开启了车库创业的征程，并在 1976 年组装出了苹果的第一台计算机 AppleI，售价 666.66 美元。

可以说，**Altair 8800 的出现直接加速了微软和苹果两家伟大公司的诞生。**

乔布斯创业的故事先按住不讲，那比尔这时候正在干吗呢？

1977 年，比尔赚到钱后买了一辆保时捷 911，在高速上超速并与交警进行了一番口舌辩论后，被送进了拘留所……

Altair 8800 终归是为小众的计算机爱好者打造的计算机，虽然比尔能买得起保时捷了，但也算是小钱（这种话差评君能说出来也是非常不要脸了），真正让微软开始起飞的是与 IBM 进行合作。

当时世界上最大的电脑公司 IBM 选中微软为其编写关键的操作系统软件，他们打算推出自己的第一台个人电脑——IBM PC，现在急需一个可用的民用级操作系统。

微软没有从头开始开发，而是从西雅图电脑产品公司手中花 5 万美元买下了他们刚研究出来的系统 86-DOS，在这个基础上做程序的二次开发。微软把这个操作系统命名为 MS-DOS。

/*
MicroSoft Disk Operating System，微软磁盘操作系统。

MS-DOS 一般通过命令行界面来接收用户指令，甚至可以自动运行批量指令，它大大提升了人们使用计算机的效率，成为市面上最受欢迎的操作系统。

/*
这就是当时用户使用的MS-DOS界面，没有图形，只有一个个字符。因为没有鼠标，所以所有的操作都需要用键盘配合用户自己记忆的"命令"。

IBM PC 的硬件配上 MS-DOS 系统的电脑一经问世，就成为各大新闻的头版头条，影响力一点也不弱于航天飞机的发射。从 1983 年 1 月开始，搭载了 MS-DOS 的 IBM PC 在全球各地销售。在销量

/*
这是 MS-DOS 的系统软盘。此时已经不再用纸带作为介质存储信息了，进化到了软盘。

最好的时期，每个工作日的每一分钟就有一台被销售出去。

微软靠着这次"原型魔改"，一举打出了名气。 IBM 也看到了这里面的商机，想要买断 MS-DOS 的源代码，以此来独占这部分的利润。比尔断然拒绝了。

比尔和 IBM 签署了一份长达 32 页的协议，其中有两个非常重要的条款：第一，IBM 使用 MS-DOS 是非排他性的，比尔有权把这个系统卖给其他厂家；第二，微软保留源代码的控制权，只有微软能对其进行更改或升级。这两个条款，来源于他对市场的判断——以后硬件的吸引力将大大下降，软件将承担起全部职责。

比尔把每一个软件产品都当做硬件来看待，**他用"卖软件赚钱"，为科技公司开辟了一片新的蓝海。** 在这段野蛮生长时期，微软的收入从 250 万美元猛增到 5000 万美元，在科技行业中非常有竞争力。

微软的发展势头引起了苹果的注意。

1982 年，苹果找到微软，要他们为苹果的电脑设计电子表格、商业软件以及数据库三个应用软件。这让比尔接触到苹果对于电脑系统的一些新想法，这里面就包括了最早期的**图形操作界面**。

我们现在生活中接触到的电脑、平板、手机、电视，甚至是地铁售票机、卡拉 OK 点歌机，只要是带屏幕的电子产品的操作界面，都是图形化用户界面，也就是图形操作界面。

图形操作界面最早是由施乐公司开发出来的，不过他们生产的电脑由于价格高得离谱，一直叫好不叫座，图形操作界面也没有推广开来。乔布斯在 1979 年底到施乐参观了一次，回公司之后便举全公司之力要做图形操作界面的系统。

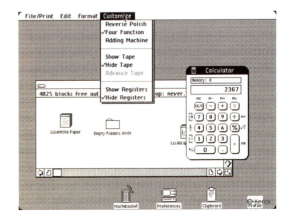

/*
施乐公司计算机的界面。看起来和我们现在的电脑桌面已经非常相似了。鼠标也是施乐发明的，可惜他们也没将其推广出去。

※桌面、文件夹、图标是图形化界面；

※一个窗口叠一个窗口是图形化界面；

※可以拖着边框随意变换大小的窗口，是图形化界面；

※窗口角落最小化、最大化、关闭的三个按钮是图形化界面；

※浏览器标签页是图形化界面；

※点开一个文件就用对应的程序打开，弹出一个窗口，这是图形化界面；

……

这个列表可以无穷无尽地列下去，但它们的共性已经非常明显了——直观。也就是说，它用起来符合直觉。

比尔通过与苹果的合作，知道了乔布斯的计划，他和乔布斯想法一样：**有了图形界面，普通人使用电脑将变得没有门槛。**

于是，他在微软开启了加班加点开发图形操作界面系统 Windows 的计划。

在 Windows 推出之前，微软进行了一系列的预热营销。

比尔在发布会上向全世界宣布一年后微软将会推出全新的 Windows 系统，并且能够与任何电脑兼容。他还花了 45 万美元在计算机展销会上宣传 Windows 系统，每辆出租车上都贴有 Windows 的宣传海报，酒店的枕头上都印有 Windows 的标识。

人人都没见过 Windows，人人都知道 Windows。

1985 年，让众人等了近两年的 Windows 1.0 终于上市，售价 100 美元。

MS-DOS 系统所使用的命令行界面，需要用户键入规定的字符与机器交流，错一个都不行，而 Windows 的出现大大降低了电脑的操作难度，让不懂命令行的普通人动动鼠标就能在电脑上操作，从发邮件到统计数据，无所不包。

从这以后，但凡是电脑的硬件制造商，都要优先考虑搭载微软的 Windows，发展到后来，Windows 几乎占领了除了苹果之外的桌面操作系统全部市场。在 1990 年，微软的桌面操作系统市场占有率达到了 80%，在 2000 年时更是达到了 95%，学校、家庭、企业、政府，几乎所有的电脑桌面用

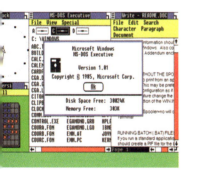

/*
Windows 1.0 的界面，比前面 MS-DOS 亲民多了吧？ Windows 上市后，乔布斯大发雷霆，逢人便骂比尔剽窃了他的创意。比尔嘿嘿一笑：我认为这更像是我们两个人都有个叫做施乐的富有邻居，我闯进他家里准备偷电视机，结果发现你已经把电视机偷走了。

的都是 Windows 操作系统。

虽然很多是盗版的。

1986 年，微软上市。一时之间，公司多出了 4 个亿万富翁与 12000 个百万富翁。1990 年，微软推出办公包 Microsoft Office，包含 Word（文字文档）、Excel（工作表）、PowerPoint（演示文档）等办公产品，助力比尔在 1995 年成为了最年轻的世界首富。

一路高歌猛进之后，接下来发生的事情，让比尔意识到自己在商业上或许太过激进了。

整个 90 年代，微软都面临着美国贸易委员会与司法部的一系列调查。他们指控微软和电脑生产厂商勾结，绑定软硬件销售，搞商业垄断。

几乎所有出厂的个人电脑都预装 Windows 操作系统，令竞争对手毫无生存可能性。同时，微软借用操作系统的绝对市场地位来扩大自己在其他领域的市场份额，比如浏览器、办公软件、多媒体播放软件等等。微软简直是指哪打哪，因此在软件行业流传着这样一句告诫：

永远不要去做微软想做的事情。

比尔·盖茨在纪录片《深入比尔的大脑：解码比尔·盖茨》（*Inside Bill's Brain: Decoding Bill Gates*）中为自己辩解：如果垄断的含义是占有极高的市场份额和短期的市场力量，那么答案是肯定的；如果它的意思是我们占据了不可撼动的地位，不可能出现更新的技术来取代我们，那么答案是否定的。

道理归道理，但官司还是要打的，比尔转型律政先锋，和美国司法部开始了长达十几年的斗智斗勇。

但胳膊拧不过大腿，微软的成功牵扯了太多人的利益，谁都想进来分一杯羹。舆论中的比尔就是一个黑心企业家的形象，在美国民众心中，他就是**一个心狠手辣的垄断商人。**

他百口莫辩，只能到各个州去各个突破，官司最终以微软与美国司法部达成和解而结束。

2000 年，比尔和妻子梅琳达成立了一个慈善基金会，他绕过政府，希望通过自己的努力，将人类的创新才能应用在健康、教育、脱贫等领域。2007 年，比尔辞去微软 CEO 的职务，开始全身心地投入到这些事情中。

2011 年，比尔掀起了**"马桶革命"**，要解决非洲贫困地区水源污染问题。他的方式不是建立污水处理厂，也不是调水过去，因为这些方法都只适用于发达国家而并不适合贫困的地区，他想的办法是，研发一种能将人的排泄物转化成能源、洁净水和养分的马桶。

他做这件事的初衷是在 1997 年读到一篇关于第三世界国家仍在饱受水污染困扰的报道，数以百万计的孩子因为水污染感染疾病死去。这些地区没有厕所，人们直接将粪便排到污水沟里，而这些水沟的水又变成了水源。

1998 年比尔在法庭上的视频（感兴趣的朋友可以上网搜一下）被放出来后，民众看到了一个傲慢无礼、态度强硬的首富。他面对不了解科技行业的参议员的提问，脸上会时不时浮现出嘲讽的笑容，强行打断提问。这些行为使他丢掉了大多数人对他的好感。

要解决这个问题，一方面要解决厕所问题，另一方面要提供清洁的水源。经过几年的尝试后，比尔找到了能做出满足他要求的独立污水处理器的办法。现在，这款设备已逐步在世界范围内推广使用。

在非洲，因为疫苗接种率低，脊髓灰质炎（俗称"小儿麻痹症"）仍然是一种十分普遍的疾病。

疫苗接种率低的原因一是当地有些反智人士认为疫苗会导致儿童绝育，把推广疫苗的人看做当代希特勒；另一方面，跟踪疫苗接种情况很困难，往往没办法给所有人都打上疫苗。

比尔亲自到这些地方向当地的领袖寻求帮助，以便让疫苗接种工作能够进行。基金会团队利用高解析度卫星图像和算法，绘出了尼日利亚脊髓灰质炎分布的真实图景，找到了疫苗接种的"漏网之鱼"地区。

这些努力确实见到了成效。小儿麻痹症全球病例已下降至两位数，极有希望成为自天花之后，人类成功消灭的第二种疾病。

盖茨基金会成立以来，已经投入了超过 20 亿美元去消除全球范围内的疟疾。

疟疾每年能导致 44 万人死亡，而这一致命疾病通常是因为蚊子叮咬导致的。除此之外，蚊子传播的疾病还有登革热、黄热病和脑膜炎等。比尔斥巨资研发"杀手蚊"，试图通过蚊子的交配减少蚊子数量。经过基因改造的雄性蚊子，在与可能携带疟疾的野生

/*

混有粪便的污水经过处理后能过滤出纯净水，比尔为了让人们相信他的努力没有白费，亲自喝下了一杯经过处理的"粪水"。

雌蚊子交配后，其后代身体中便会有自我限制基因，会在叮咬人类之前死亡。"杀手蚊"策略将于 2021 年起在一些地区进行试验。

为了应对全球气候变暖，减少温室气体的排放，比尔成立了泰拉电力公司，并与中国合作建厂，想要在能源方面做出一些技术性的突破。他和他的公司所设计的新型核能反应堆，如果能够普及开来，则可以大大减轻核废料处理的压力，降低核能所造成的环境风险。

可惜由于最近的中美贸易问题，这个可能造福全人类的能源项目，目前暂时被搁置了。

比尔把用科技改变世界的理念实践得透透的。

除此之外，盖茨基金会还在抗艾滋病毒方面做了一系列努力，仅在 2018 年，他们就帮助近 1900 万人获得抗艾滋病毒治疗。他们推进成立的疫苗免疫联盟已为 7.6 亿儿童接种疫苗，避免了 1300 万儿童死亡。他们还参与扶贫项目、农业发展项目、增加妇女儿童受教育机会的项目等。

比尔前半生用敏锐的商业嗅觉与独有的编程天赋使自己成为全世界最有钱的人，后半生又用兼济天下的善心与充满智慧的头脑把自己的钱花出去。

在差评君读书的年代，我们的父母长辈还有老师们经常会拿比尔·盖茨如何如何成功，来激励我们学习，说辞一般是他在什么年纪赚了多少钱，又在什么地方获得了什么样的成就，你要向他学习云云。

差评君也曾长期将比尔当做自己的奋斗目标，毕竟选择"首富"作为榜样肯定不会出错。直到很多年后，听到比尔母亲一个演讲，她说："**判断一个人是否成功，不是看他获得了什么，也不是看他给予了什么，要看他成为了什么样的人。**"

比尔·盖茨是一个什么样的人？

他最喜欢吃的食物是汉堡，最喜欢喝的是可乐；

他出行乘飞机时选择坐经济舱；

相比大牌，他对打折商品更感兴趣；

他喜欢打牌；

他喜欢看书，每年都会读上百本书；

他好胜心极强，凡事都要争第一；

他会为停车费多花几块钱而斤斤计较；

如果今天被车撞死了，他会因为没来得及感谢自己的妻子而后悔；

他最怕的事情是

自己的大脑停止思考。

他所做的事情中，"杀手蚊"遭到环保人士的抵制；"马桶革命"有希望，但是价格很贵，全面推广遥遥无期；脊髓灰质炎项目花了上百亿美元，今年又开始增加；泰拉电力公司和中国合作的协议告吹，而在美国建核电站希望渺茫。

就连他做慈善也争议不断，网上有人推测他只是披着慈善的外衣在避税而已。

有人问他："你是否也曾有过这样的念头：太难了，我想做的太多了，我不干了？"

比尔说，有时候你的确不得不说，"我们放弃吧"，但有时候，你不得不说，"我必须更加努力"。

这样的比尔·盖茨，还会是你的榜样吗？

WWW.

TIM BERNERS-LEE

网络男爵
伯纳斯-李

THE BARON

苏美核竞赛与
他的一次偷懒，
为全世界带来了
互联网

　　"上网"这个词的概念，对于当代大部分人来说已经变得有点陌生了。

　　大家每天发微信、刷微博、点外卖的时候，脑子里根本不会冒出"我现在要开始上网了"的想法。毕竟网络空间和现实生活的边界已经变得非常模糊，甚至已经完全融为一体。

网络已经成为生活的水电气，
成了必需品。

　　但在 2000 年前，移动互联网还没有萌芽，"上网"是一件非常有仪式感以及具象化的事情——打开电脑（可能还要先找到电脑），打开浏览器，输入"www. 你想去的网站 .com"然后暴叩回车键。当页面载入画面成功的那一刻，意味着上网开始了。

　　现在访问大部分网站已经不需要再加上"www"了，加"www"这回事纯粹是早期使用互联网遗留下来的习惯。

　　理论上讲，在网站名字前输入"www"是为了表明这个网站在万维网（World Wide Web）上，但是这个东西完全可以由网站的站主按照网站的服务来自行设置。比如"tieba.baidu.com"前面的"tieba"表示这个网站是百度提供的贴吧服务，"mail.qq.com"则是腾讯 QQ 提供的 QQ 邮箱服务。但是不管你在浏览器里输入"baidu.com"还是"www.baidu.com"，都能直接带你去百度的首页，不信你现在就掏出手机试试。

　　喏，曾经很仪式，后来很随意，如今已经被直接忽略掉的"上网"，这个"网"的诞生就与伯纳斯-李直接相关，也与苏美核竞赛有关。

/*
如果伯纳斯-李当年给万维网申请专
利，用它来赚钱的话，如今的世界首富
妥妥地是他。

伯纳斯 - 李于 1955 年出生于英国伦敦，他的老爸老妈都是计算机科学家，而且共同参与了世界上最早的商用计算机的研发。伯纳斯 - 李经过各种耳濡目染，也成了装机小能手。

他用一台老电视机和一套电烙铁工具亲自动手造出自己的第一台电脑的时候，还在牛津大学读书——在计算机行业刚刚起步的 20 世纪 70 年代。

牛津毕业以后，伯纳斯 - 李在电信行业和各种科技公司倒腾了一圈，积累了大量电信通信和编程的经验后，在 1980 年以一个软件工程咨询师的身份进入了欧洲核子研究组织 CERN，负责计算机的维护。

/*
第二次世界大战后，一些充满远见的
科学家希望建立一个欧洲的原子物理
研究所，不仅能联合欧洲科学家们，
更重要的是能让大家一起分担核物理
研究的高昂费用。这就有了 CERN。

没错，就是那个研究**大型粒子对撞机**的欧洲核子研究组织，让加速到接近光速的粒子互相碰撞，来研究物质最基础的构造和宇宙的大真相。

这个研究所汇集了全欧洲乃至全世界的精英研究人员，不仅人多，人员在不同部门之间的流动性也很大。而当时伯纳斯-李的工作刚好就是帮忙整理追踪每个研究员在做的项目和项目所用的软件这种苦差事。

但是一个个手动对照找人找项目多麻烦啊，于是伯纳斯－李开发了自己的第一套**超链接**软件——Enquire。

超链接大家现在应该很熟悉了，不管是网页上蓝色的画线的网址，还是新闻网站上大号字体标题，还是视频网站上的封面图，只要是"点击以后能带你去另一个网页"的链接，就叫做超链接。

伯纳斯-李开发的这套软件就实现了类似的功能，点击人名就能跳到对应负责的项目，点击项目名就能跳到具体使用的文档或者软件。

哪里不会点哪里，CERN 的主管再也不用担心伯纳斯－李找不到某个研究员负责的项目了。

所以说，科技进步从根本上来讲就是为了更好地偷懒嘛。

后来伯纳斯－李离开 CERN 去其他科技公司逛了一圈，等他 1984 年以正式的网络通信研究者身份再回来的时候，他又在 CERN 发现一个特别难用的东西——网络系统。和当时他整理各种人名以及项目的复杂程度如出一辙，储存在研究室各个电脑上的文件要大费心思才能找到。于是他一拍脑袋：欸，你说我要是把所有资料都用超链接连接起来，找起来不就贼方便了——于是万维网这个想法就在伯纳斯－李的脑袋里生根发芽了。

不过我们称伯纳斯-李为"万维网之父"，并不代表整个互联网就是他发明的。

早在 1960 年代，互联网就已经有了雏形，当时整个世界还被笼罩在冷战的阴影下，仿佛全球核战随时都有可能爆发。美国军方考虑到要是苏联的核弹一炸，电话线断了，之后各个军方基地就没办法互相联系发动协同反攻了，于是决定研发一个分布式的通信系统，也就是互联网的最初形态。

虽说互联网现在已经变成一个笼统宽泛的名词了，但是在网络刚萌发的时候，互联网的定义非常简单：**几台电脑用网线连起来形成的通信系统就叫互联网。**

因为是应军方需要所研发的产品，所以互联网很长一段时间都保持着"军队通信专用"那种专业却简陋的质感，

讲究安全稳定，而不是快速实用。

而作为互联网计划的领头羊，美国国防部在吸取多方研究成果后，终于在 1969 年成功上线了全世界第一个广域互联网络**阿帕网**（ARPANET）。

这个网络系统诞生时有多"厉害"呢？

1969 年的 10 月 29 日，世界上第一条通过网络发送的信息，从美国加州大学洛杉矶分校发出，前往斯坦福研究所，内容非常简单，就是两个英文字母"L"和"O"——他们本来想发"登录（LOGIN）"这个单词，但是发完头两个字母系统就崩溃了，所以斯坦福那头就收到了个"LO"。

不过大家一看，觉得又是即时通信又是分布式

© Charles S. Kline

/*
这张图是加州大学洛杉矶分校和斯坦福研究所进行第一次网络通信后的记录，这可能是世界上最早的网络聊天记录了。

系统啥的，还能抵抗核战争，比拉电话线可高级多了，也纷纷加入阿帕网这个计划。

除了美国国防部以外，其他国家的政府、大学研究所和一些狂热的计算机"死忠粉"也开始自己捣鼓这种网络系统，于是有趣的程序和原始的电子游戏也开始慢慢传播起来。但是总的来说，网络上的东西基本上还是以政府和学校发的图书馆资料及论文为主。

浏览这些内容的方式也非常原始，和我们现在使用网络的方式完全不同。

因为当时还没有搜索引擎，也没有网站的概念，而且**所有服务器并不互联，每台电脑甚至网络上每个文件都像是一座独立的孤岛。**很多时候要专程去访问特定的服务器地址（每台计算机的专属地址）才能获取对应的信息或者资源，于是就有了那种服务器地址大合集，上面密密麻麻地写着文件和文件所在的服务器地址。

比如你正聚精会神看一篇学术论文，想稍微看一下这篇论文的参考资料，要先把参考资料的文章名字保存下来，再去找人问明白这篇文章存在什么服务器上，然后专门登录到那个服务器的地址，去检索被引用的文章。来来回回一折腾，原来那篇文章在讲什么估计也忘得差不多了。

而CERN当时用的网络系统就是这样的。

伯纳斯-李亲身体验过了 CERN 混乱且繁琐的网络系统以后，在 1989 年 3 月提了一个建议，希望 CERN 建立一个和他之前设计的 Enquire 软件很像的"链接化信息系统"，每篇被引用的文档都是个超链接，想看的时候只要用鼠标点击一下就能直接跳转到被引用的文章、图片甚至是软件，这样可以大大提高科研人员的工作效率。

虽然伯纳斯 - 李的同事们对这件事兴趣不大，但他的上司采纳了他的想法，大方地给他搞了一台电脑，让他自己在上面捣鼓超链接相关实验。

而伯纳斯 - 李的肝力也是高到爆表，到 1990 年底，短短的不到两年时间里，伯纳斯 - 李就已经写好了互联网的三大基石工具：**HTTP**（超文本传输协议），**HTML**（超文本标记语言）和世界上第一个网络浏览器——**World Wide Web**（名字也叫做万维网）。

其中，HTTP 就是客户端和服务器之间的一种通信协议，简单地讲就是你的浏览器和网站交流的方法。有了这层规定，浏览器就能自如地向网站请求文字和图片了。

HTML 则是一种标记语言，规定了网页在浏览器上显示的规则，告诉浏览器该怎么把接收到的文字和图片排版出来。我们看到的各种设计精美的网站就是由 HTTP、HTML 和浏览器合作呈现出来的。

伯纳斯 - 李累死累活把万维网的基础都写好后，时任 CERN 计算与网络部门的老大却突然给所有手下发了一封长达两页的电子邮件，说搭建万维网来分享信息并不是 CERN 的核心工作，希望大家做好手头的粒子对撞工作。

听到这个决定的伯纳斯 - 李，直接扭头离开 CERN，去了麻省理工学院继续自己的研究，花样秀了一手"技多不压身"；并且在 1994 年的时候成立了万维网联盟，和世界上的有志之士一起完善和万维网相关的网络规定和通信标准，而其中最重要的工作就是推进万维网的免费化。

虽然伯纳斯－李离开了 CERN，但是他开发的万维网版权却还在老东家那里。而万维网的收费和大家平常说的网费不是一回事，倒是和大家现在用 Office 套件要先买授权激活一样，CERN 收的是使用万维网相关的软件，比如 HTTP 协议或者 HTML 的授权费。

经过伯纳斯－李对 CERN 的不断"骚扰"，CERN 终于在 1993 年的 4 月正式决定万维网不再收取任何费用，所有人都能免费使用万维网和万维网的相关软件，包括 World Wide Web 浏览器。**毕竟一个标榜万物互联的全球网络如果有很高的收费门槛，没人使用，就失去了万物互联的意义。**

既然万维网免费了，万维网上网站的数量就开始激增。1991 年的时候只有 1 个网站，到 1995 年时有 2.3 万多个，在 2000 年时已经达到了 1700 多万个，到 2007 年时已超过 1.6 亿个。

看到这种反常的增长，激动得直跺脚的除了广大网民们，当然还有如狼似虎的资本力量了。易贝（eBay）、亚马逊之类的热门股票在短短几年间疯狂上涨了数十倍：

能疯涨就是好股票，买就完了！

于是各种各样千奇百怪的新兴创业公司利用".com"的招牌，拉拢各路韭菜投资者投钱，玩起了资本游戏。很多公司连盈利方式都没整明白，就从风险投资和散户那里拿到大量的现金来挥霍——股市上的预期价值远远超过了这些网站本身实际有的价值，一个巨大的互联网泡沫就开始迅速膨胀起来。

/*
这波互联网泡沫的破灭，最著名的莫过于 boo.com 破产了。1999 年秋天的时候正式上线，本来计划成为世界上最大的时尚快消零售网站，然而在 2000 年 5 月就正式破产。从策划这个网站到破产这短短的 18 个月里，boo.com 公司总共花费了 1.35 亿美元。当他们正到处打广告，打算在全欧洲各地开分店时，就被破裂的互联网泡沫一波带走了。

当然投资人也不傻，等到 2000 年初，很多人意识到这些公司只会大手大脚地花钱，而没有像样的盈利和产出，他们纷纷开始从这些公司撤资。根据美国网络并购公司 Webmergers 统计，全球至少有 4854 家互联网公司受此影响被并购或者关门，中国的三大门户网站新浪、网易和搜狐的股票一度跌至 1 美元。互联网泡沫破灭了。

虽说这场资本游戏惨淡落幕了，但是这并不能阻止人们网上冲浪，生产和分享内容，享受信息高速路带来的快乐。短短几年后，"www. 网址 .com"的形式很快又回到了大众的视野里，各种网站又如同雨后春笋一般破土而出。比如大家比较熟悉的脸书网（Facebook）建立于 2004 年，而油管（YouTube）建立于 2005 年；在中国，天涯、猫扑等大批网站兴起，中文互联网论坛百花齐放的时代来临；淘宝网成立，网络购物成为新的潮流；百度贴吧上线，"城会玩""火钳刘明"等一批网络流行词诞生。

就像现在所有公司都在做自家的 App 一样，当时作为一个机构最潮的事情就是有一个自己的网站，而"三达不溜点 ××× 点康姆"的声音在电视广播里更是不绝于耳。在网站前打"www."然后以".com"结尾，再暴叩回车键，也成了一种时髦的象征，成了一代冲浪人的肌肉记忆。

而这一切最大的功臣，蒂姆·伯纳斯 - 李在 2004 年接受了英国女王颁发的大英帝国爵级司令勋章，正式成为英国皇家认证的爵士；2016 年他获得了计算机界的最高成就奖——图灵奖。

尽管伯纳斯 - 李各种终身荣誉拿到手软，从创造第一个网站迄今已经有 30 多年了，但是他一直没有停止给互联网事业添砖加瓦。

从万维网的发明者，到万维网的推行者，一路下来，蒂姆·伯纳斯-李渐渐意识到万维网既是一个技术上的跃进，也是一个对社会有深远影响的发明。

于是，2009 年的时候他创办了万维网基金会，把工作的重心从技术软件层面的突破，转移到了人文社会层面的推进——他认为使用互联网的权利应该是一种基本的人权，并致力于让全世界互联网发展落后的地方（比如乌干达）也用上互联网。

除此之外，伯纳斯 - 李可谓是真正的网络"键盘侠"。作为一个坐拥 34 万关注的推特大 V，他时不时会操起键盘重拳出击，发文推进万维网在妇女儿童中的普及，或者是在万维网的开放性和中立性问题上发表尖锐的批评。

到了 2019 年，伯纳斯 - 李大张旗鼓推出了"网络合约"（Contract for the Web），致力于

修复互联网！

其目的是确保公民网络话语权，保护用户隐私，防止用户的数据被用来进行政治宣传。这一计划得到了脸书、谷歌、推特等科技公司的支持。

话说回来，如果没有伯纳斯-李发明万维网，也可能会有

伯纳斯-王、伯纳斯-张发明出来，但如果当初伯纳斯-李没有坚持将万维网免费送给人类，而是将它占为己有，通过它来赚钱，差评君相信，他应该是全世界最有钱的一个人。

这样的话，现在的互联网很可能是一个被层层费用和技术壁垒垄断的空间，上面不会有海量的公开信息，不会有降低学习门槛的各种知识，更不会有亿万记录美好生活的视频。

因此，差评君觉得伯纳斯-李最伟大的成就不是发明万维网，而是选择将它无私地送给全人类。

2012 年，在伦敦奥运会开幕式上，伯纳斯 - 李爵士坐在巨大的舞台中间，使用电脑把一条简单的信息发送了出去。这条信息只有几个简洁的字符——

This is for everyone.

（这是给每个人的。）

随后，他独自一人坐在自己最熟悉的电脑前，享受着来自全世界的掌声。

如今，房地产和互联网也许是最容易让人一夜暴富的行业。

房地产咱也不懂，咱也不敢瞎说；至于另一个互联网行业，它让穷光蛋一夜翻身的故事，在今天已经算不上稀奇了。阿里巴巴当初上市时，一夜之间诞生了数十个亿万富翁和上百个千万富翁。只要是上市的互联网公司，在上市的那天基本都能使持有原始股的员工大赚一笔。

不夸张地说，**纳斯达克的钟声每敲响一下，这个世界上就多了一个亿万富翁。**这个故事的主角吉姆·克拉克（Jim Clark）就是第一个在互联网上淘金的人。

1990年底，伯纳斯-李带来了互联网，然而这时，互联网只是一个查找资料、分享研究成果的工具，并不是面向普通人设计的。大部分人压根儿没听说过这玩意儿，一众IT大佬还聚在一堆儿研究互联网到底能不能赚钱。

/*
吉姆·克拉克，互联网造富神话的开启者。虽然现在名气不大，但人家现在在互联网领域的话语权还是很高的。

这个时候，克拉克发现了互联网的生财之道。

他创立的网景（Netscape）在1995年上市时，开盘仅一分钟，股价就从28美元冲到了70美元，当天公司市值涨到了29亿美元，克拉克的身家一天内涨到5.44亿美元。《华尔街日报》评论说，通用公司花了43年才使市值达到27亿美元，而网景只花了1分钟。

克拉克站在风口，掀起了互联网创业的浪潮。

网景这个公司做的产品叫做浏览器，它让互联网从只是服务军事和科研的工具，变成了造福每个人的神器。

它的故事，得接着伯纳斯 - 李的事情继续讲了。1990 年，伯纳斯 - 李写了世界上第一个"浏览器"的雏形——World Wide Web，但是它真的很难用。

/*
World Wide Web 浏览器页面。其实只要伯纳斯 - 李那会儿能把这个浏览器找个好点的产品经理搞搞商业化，可能就没后来的网景什么事了。

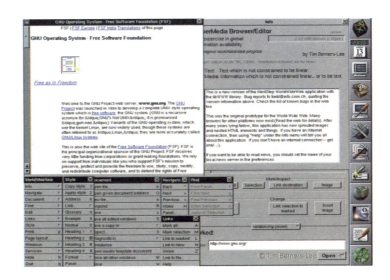

World Wide Web 浏览器页面上充满了晦涩难懂的专业术语，使用它要记住各种操作指令。一个没有足够互联网相关知识储备的普通人，几乎是没法使用这个浏览器的——当然，对他们来说也毫无必要，反正也不搞学术。对普通人来说，

那时互联网是一种相当无聊的东西。

俗话说，哪里有垃圾的产品经理，哪里就有反抗的程序员。而 World Wide Web 连个产品经理都没有，有一个程序员也看不下去了。

只不过这个反抗的程序员不是克拉克，而是马克·洛厄尔·安德森（Marc Lowell Andreessen）。安德森于 1971 年出生在一个销售农作物种子的普通家庭，但他 9 岁就开始接触计算机，甚至通过自学学会了 Basic 语言。

他在大学的时候，和别人有着一样的困扰：World Wide Web 太难用了！不过和其他愿意忍受的人不一样的是，他和实验室里另一个同学一起，在 1993 年写了一个用起来更简单的浏览器，后来这个浏览器被叫做 Mosaic（马赛克）。

Mosaic 用起来比之前简单了很多，首先界面的图标非常直观，图标替代了晦涩的术语，让普通人一眼看过去就能理解其功能是什么。要知道，在伯纳斯 - 李的浏览器上，你甚至都找不到在哪儿输网址。

它的另一大优势就是：它是第一个让图文可以同时出现在一起的浏览器，这大大改善了用户的浏览体验——在此之前，图片和文字是没有办法出现在一个页面中的。有了这个功能，图文结合的消息就把网页变得美观、有趣起来。

东西做出来了，得有人用吧。安德森第一时间想到的是在网上发个帖子，问："谁想来参加我们浏览器的软件测试？"当时只有 12 个人回复。他就亲自一个个给他们把 Mosaic 发了过去，结果这一发不得了，大家都觉得："欸？有点意思啊！"

/*

克拉克的好伙伴安德森

/*

Mosaic浏览器页面，是不是和我们现在用的浏览器界面已经非常相似了？

仅仅数周，全球就有数十万用户下载了这个软件。

别以为这个数字很小。

1993 年，全球网站的数量只有 600 个，网民有 200 多万，而计算机也才有 2000 万台。

而且安德森还是一个大学生。

这样，有了接触互联网的简便工具，人们开始注意到互联网。看新闻、看视频、在 BBS（交换信息的电子公告牌系统）上聊天、在线玩电子游戏，还能用 E-mail 发送邮件。用一位美国科技先驱罗伯特·梅特卡夫（Robert Metcalfe）的话来说：Mosaic 让人们突然意识到互联网可能比性生活还要棒。

此时一炮打响名声的 Mosaic 被克拉克看上了。

这就说回克拉克了，他的经历可就刺激多了。他 14 岁的时候，父母离异，老妈每月给他和妹妹微薄的生活费维持生活。家庭贫困和缺少父爱，让克拉克成为一个典型的街溜子——与不良青年厮混在一块，旷课逃学，终日在大街上游荡。

高中辍学后，他去海军干了四年。

可能是军旅生活太艰难，激发了他学习的欲望，他后来靠着上夜校把自己送进了大学，而且一路逆袭读到了博士毕业。1982 年，克拉克和几个斯坦福大学教授在朋友的资助下在硅谷开了一家自己的企业 Silicon Graphics（SGI，硅谷图形），专做 3D 图形显示的专门硬件和软件。

"克拉克具有超强的洞察未来发展趋势的才能。"克拉克的律师这么评价他。克拉克的这一才能当时体现在引领了 3D 电影的发展上。

当时史蒂文·斯皮尔伯格正在导演《侏罗纪公园》，影片包含大量的虚拟实景特效镜头，斯皮尔伯格导演就是利用 SGI 完美实现了《侏罗纪公园》逼真的3D效果。后来，《星球大战》《玩具总动员》《泰坦尼克号》《指环王》《紧急迫降》都是在 SGI 的图形工作站上制作出来的。

/*

单单《泰坦尼克号》就动用了 300 多个 SGI 超级工作站，50 个特效师，24 小时昼夜不停连续制作了 500 多天才完成。没有 SGI 超级图形工作站，就没有《泰坦尼克号》逼真的特效场景。

照这么发展下去，克拉克马上就能混迹在娱乐圈。

结果，被公司赶了出来。

克拉克有远见又懂技术，但是他不会管理公司。作为创始人的他经常与 CEO 发生争吵，导致很多核心员工伤心欲绝，要离他而去。

"要么你走，要么我们走。"当时大概就是这样的场景。

克拉克于是离开了他可能会叱咤风云的娱乐圈，来到了刚刚成圈的互联网行业。当时的他洞察到正在兴起的互联网未来会成为世界的主流，他也一直在寻找一个可以将互联网推及大众的契机，而 Mosaic 浏览器，恰恰是他想要的东西。

克拉克给安德森发了邮件，约他见面聊聊有没有兴趣做个新的浏览器。刚毕业的安德森收到这位硅谷大佬的邮件后，估计有点飘，毫不犹豫地接受了这个邀请。

没多久，克拉克自掏腰包 500 万美元成立网景公司，开始了他们第一款浏览器的开发。1994 年 10 月 13 日，网景领航者（Netscape Navigator）问世。网景揭开了互联网的神秘幕布，降低了互联网的门槛，让大众可以轻松地使用互联网，而不断增加的新功能也让互联网对普通人来说越来越有吸引力。

它成功地把这个军用、学术研究用的技术推向了成熟的商业化道路。

不到一年，网景导航者的下载量达到几百万份，占据了浏览器市场 90% 的份额。

互联网正式"出圈"。

而克拉克怎么也没有想到，接下来才是他们浏览器创业故事的正戏——**浏览器大战，也是史上第一次互联网大战。**

不过在讲大战的故事之前，我们还需要先提一下另一位大佬——比尔·盖茨。当时比尔·盖茨凭借微软在计算机上的霸主地位，已经成为世界首富，可他对于互联网的态度还处于犹豫状态。和一开始就看好互联网并且砸钱进去的克拉克不同，后知后觉的比尔·盖茨认为互联网没啥赚头，浏览器也只是一个普普通通使用计算机的工具，于是并没有急着入局。

也正是借此契机，网景一跃成为互联网新贵，被称为"互联网领域的微软"。它宣告着——互联网的时代正式到来了。网景当时强到什么程度——当年的人说我要上网不说上网，而是我要上网景。

网络对于普通人来说，已经和网景画上了等号。

可这跟当时的计算机行业巨头微软半毛钱关系都没有。

网景的成功给微软敲响了警钟。再一看网景领航者这百万次的下载量，微软慌了。比尔·盖茨在1995年5月26日连夜写了一封整整9页的内部信，*The Internet Tidal Wave*（《互联网浪潮》）。

信中指出了互联网是未来大势所趋，今后每一台计算机都将会连上网络，并且直接表达了必须除掉网景的态度。根据相关员工的描述，当时的态度不仅仅是要除掉，而且是要马上除掉。

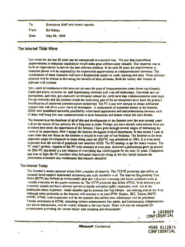

/*

错过了互联网风口，可能是比尔·盖茨一生最大的遗憾。

有人可能会问，微软作为一个拥有着操作系统的公司，手里掌控着大量软件的生杀大权，就算浏览器这一块蛋糕先被人吃了，堂堂微软CEO至于给吓成这样？

会。

因为当时硅谷的众多大佬都回过神来了：**浏览器是互联网的入口，控制住了浏览器，就相当于控制住了整个互联网。**

而在将来，浏览器是有可能抢掉操作系统饭碗的。这句话后来还真是说中了：比如谷歌2009年发布的网络笔记本Chromebook。这个笔记本上面只有一个浏览器，必须联网才能用。你可以想象未来任何工作都可以通过浏览器操作，实际在服务器上完成。

再想想，结合如今云和5G的发展，将来玩游戏、

/*

2011年发布的三星Series 3 Chromebook

做表格、写文档、P 图、剪视频等都能够在线上完成。到了那个阶段，硬件、操作系统都不重要了——毕竟我只需要一个能联网的浏览器就够了。

而网景当时虽然没有做出 Chromebook，但他们的确在尝试做一个让用户通过浏览器操作的网络应用操作系统，想要用户摆脱微软的操作系统。

不得不说克拉克和安德森真的很有远见：

仅仅是一个浏览器，就能猜到下个世纪的发展了。

其实在双方正式开战之前，是有过一场会面的。

这场会面在微软的人看来相当美好，双方还热烈讨论合作的未来；可在网景眼里却完全是另一个画风：微软非常强硬地表示要用 100 万美元一次性买下网景浏览器的无限授权，不然微软就自己搞一个。

换句话说就是，如果答应微软，就相当于把公司卖掉了；如果不答应微软，就要被微软灭掉了。

初出茅庐的网景选择和微软拼了。

在这场会议上，克拉克拍着桌子喊着要上市。网景此时还是有技术和市场优势的，上市融钱，尽可能和微软耗着。可要知道，网景成立才一年，一直还没盈利，甚至连一个完整的盈利计划都没有。在当时，一家公司至少要有一到两年持续增长盈利才能上市的。

不过如开头所说，克拉克真就带着网景上市了，而且取得了巨大的成功。

由此，网景开了互联网公司上市的先河。后来一大批没有盈利计划的互联网公司见势后相继模仿，无意间催生了互联网泡沫。而互联网公司不盈利，到现在似乎变成了一个传统。

安德森也很"刚"了，直接嘲讽，公开宣称微软的 Windows 就是一堆充满 Bug（漏洞）的硬件驱动而已。作为微软立业之本的 Windows 系统被这么嘲讽，对比尔·盖茨来说已经可以算是问候他双亲的级别了。

然而凭空开发一个浏览器肯定赶不上已经搞了这么久的网景，所以微软花了 200 万美元买下了 Mosaic 的源代码，换了个皮，在 1995 年 8 月 16 日推出 Internet Explorer（IE）1.0。

而就在第二个月，网景立马推出了搭载 Cookie、支持 JavaScript 脚本的网景领航者 2.0。

Cookie 是啥呢？

大家上网的时候可能会有这样的经历：清除浏览数据的时候，如果顺便勾选了清除 Cookie 选项的话，那以前设置好自动登录的网站就又要叫你重新登录了。这是因为伯纳斯 - 李写的 HTTP 协议有个缺点，就是它没有状态，通俗地说，它不记事儿，也不看上下文，只管埋头干。所以每次上一个网站你可能都需要通过"登录"来告诉网站我是谁。

而浏览器引入 Cookie 的支持后就不一样了，登录一次后，下次网站就可以通过读取上次登录保存下来的 Cookie 直接认出你，自动登录的功能也就实现了。

最牛的还是支持 JavaScript 脚本，它让程序员们可以随意发挥，可以在网页上写出各种天花乱坠的"人与网页进行交互"的功能。比如之前一个网页上只有超链功能，点下这个超链也只是带你去到另一个页面，但是现在通过

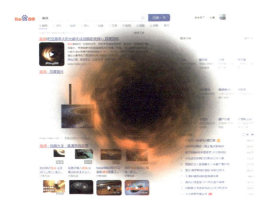

JavaScript 就可以实现更多交互的逻辑。举个有趣的例子：在你用百度搜索"黑洞"的时候，结果页面真的会出现一个"黑洞"，把你的页面全"吸了进去"。其实这个效果就是用 JavaScript 实现的。

再或者，你在哔哩哔哩网"一键三连"的时候，背后也有 JavaScript 的默默付出。

 2515　 1004　 6213

其实现在我们上网看到的许多 Web 应用，十有八九都或多或少用到了 JavaScript。

网景领航者 2.0 版本之后，网景又考虑到用户的信息安全，于是开发了 SSL（安全端口层），给传输的信息加密，让用户可以放心地上网冲浪。记得网址前面的"https"吗？就是最后的那个"s"。在 2018 年时，绝大多数浏览器已经开始对非 HTTPS（超文本传输安全协议）的网站显示非常明显的不安全提示了，我们现在已经过渡到了所有网页都该带上 SSL 的时代。

这些功能、标准，一直到现在都还被广泛地使用着。

可微软毕竟是微软，手底下优秀的软件工程师们也不是吃素的，1995 年 10 月又发了 IE2。这次的 IE 同样也加上了一堆新功能。那时候两边的思路都很简单，功能多就是强，双方只管拼命"怼（duǐ）"功能，你有的我肯定得有，你没有的我也有。

这种战略之下，小公司和大公司的差距立马就体现出来了——网景这边开始跟不上了，Bug 越来越多，甚至经常导致死机。

1995 年 12 月 7 日，在偷袭珍珠港事件纪念日那天，微软召开了一个发布会，宣告了自己要全面进入互联网的决心，让公司员工把手头的事情都放一放，研发 IE 浏览器去。

微软要想尽一切办法搞垮网景。

微软祭出了自己的大招——捆绑操作系统。

微软让用户在安装 Windows 操作系统后直接就会有 IE 浏览器，如果卸载了 IE 浏览器，有些操作系统的功能也就不能使用了。微软还警告自己的软件分销商，如果你们卖网景的浏览器，我们直接取消你们卖 Windows 系统的执照。要知道没了操作系统，软件也毫无用武之地，为了个浏览器饭碗都不保了，这肯定不行啊，分销商只能老老实实听命。

此时，势大力强的微软就像一条恶龙，把网景逼到了死角。

事实证明这一套还是很有效的，微软占有率节节攀升，到 IE4 的时候，IE 浏览器用户总数已经到了 80%，这意味着胜负已分。

1998 年，美国司法部指控，微软垄断操作系统，将浏览器软件与操作系统非法捆绑销售，反垄断案正式立案。这事儿的具体内容可以去翻翻本书讲比尔·盖茨化身律政先锋那个桥段。

恶龙即将接受惩罚，
可屠龙的勇士却不在了。

网景在被收购前公开了自己的源代码，创建了 Mozilla 组织（意思为 Mosaic Killa，Mosaic 杀手）。纪录片《奔腾的代码》（*Code Rush*）花了一年的时间拍摄了网景在濒临死亡的最后一年里，程序员做的绝地反击，有兴趣可以看一下。后来这个组织还写了个很有名的浏览器——火狐（Firefox），也算是网景以另一种形式继续在这个领域中努力吧。

1999 年，网景被美国在线（AOL）收购，网景导航者的名字也渐渐淡出了人们的视线，IE 成为新一代冲浪爱好者的浏览器工具。

尽管每次提起网景的没落都会让人扼腕叹息，当初微软使的手段也确实为人所不齿，但不得不说这场"战争"本身，确确实实让互联网、计算机科学乃至整个世界都向前快速发展了一大步。"战争"中诞生的 Cookie 标准、JavaScript 等依旧是当今市场上浏览器不可缺少的一部分。

不过，悲伤是网景的，快乐都是克拉克的。

克拉克在浏览器大战之前，已经开始着手下一次创业了，最终他锁定了医疗行业。因为有一次他玩飞机摔断了腿，在医院里填了一大堆表格，等了很久才看上医生，这让克拉克很恼火，他想创建一个集中存放个人病历和账单信息的系统，于是创办了 Healtheon。

Healtheon 后来也变成了纳斯达克市场上众人追捧的一只明星股。1999 年 2 月登陆纳斯达克当天涨了 400%，至今都是最成功的 IPO 之一。

就这样，克拉克变成了历史上第一个创办了三家价值10 亿美元科技公司的企业家。他还同时是苹果、脸书和推特的股东，YouTube 他没投，不过后来克拉克的女儿嫁给了YouTube 创始人查德·赫利（Chad Hurley），克拉克则成了YouTube 创始人的岳父。

看起来，成功是不是还挺轻松的？

自己也想试试了？

克拉克曾经偏执地说过一句话：

"只有发现新新事物的人才有资格获得成功，那些坐享其成的银行家、投资人则没有半点功劳。"

细细体味这句话，"君子乘势而行"，差评君觉得，你也可以的。

从痴人说梦
到用玻璃丝
改变世界

光纤之父
高锟

THE PIONEER

CHARLES KUEN KAO

光纤是互联网的血管。

穿梭在海底的 400 多条光缆，承载了 95% 以上的国际数据传输，将世界各国联系在一起，实现全球网络互通。埋藏在乡间田野与楼宇、公路下面的光缆，纵横交错，将数据信息送到你的手机与电脑上。

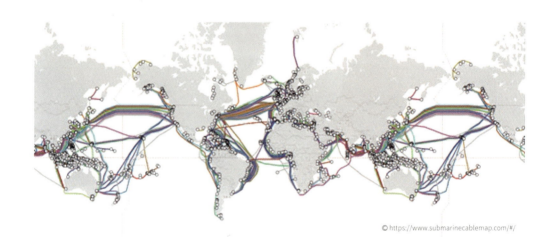

© https://www.submarinecablemap.com/#/

/*
海底光缆分布图

只要你上网，你就用上了光纤。

你可能会说，我家里用的都是 Wi-Fi，哪有光纤？那你想一下，你家里是不是还有路由器，它是不是还连着线？

你说我去移动营业厅买张 4G 手机卡也能上网，这个用不到路由器。那你是不是忘了你家附近能看见的基站了，它可是连着光纤的。

高锟作为光纤的发明者，他与前文中各种白手起家、野路子逆袭不一样，他更像我们在课本上学到的知识分子的样子：不图名利，专心钻研学术。

>|

真正的君子，致敬！

高锟出生在 1933 年的中国上海。那时候中国正处于战乱年代，很多人连温饱都成问题，但他的生活却没有受到太大的影响。在八岁上小学之前，家里请了两个老师做学前教育，一个教古文，一个教英文。

那个时代就上得起"双语幼儿园"，让我这个小学三年级才开始学英语的 90 后觉得惭愧。

殷实的家底不仅让他从小就受到了良好的教育，还让他有了非常棒的童年经历。小学六年级，别的孩子都在村口玩泥巴和比谁尿滋得更远的时候，他就已经用家里给的零花钱买化学试剂做实验了。他第一次做出硫酸铜晶体时，被那蓝色的晶体惊艳到了，立志长大要做一个化学家。

不过，即便是受到良好教育、志向远大的好孩子，也难免会干一些上房揭瓦的事儿。小高的化学实验做着做着，就开始跑偏了……

因为，他做起了自制土炸弹！

那个年龄段小孩普遍都用路边小水坑里的水和泥玩，而小高发明了一种高端的玩泥巴方式：他用红磷和氯酸钾和泥！这样和出来的泥团，晒干之后一摔就会立刻爆炸。这个发明让整条街的阿猫阿狗闻风丧胆，因为他最喜欢的事情就是拿这些会爆炸的泥球摔向阿猫阿狗，吓它们一跳。

小高锟还挺幸运的，因为红磷和氯酸钾混合是有可能立刻爆炸的，要不是运气好，一代科学伟人可能小时候搓泥团搓着搓着就把自己搓没了。

后来他打算自己做胶卷，需要硝酸银，于是盯上了家里妈妈的银首饰，准备把银首饰放在硝酸里融了。结果哥哥的手被硝酸烧伤，事情败露了。

被父亲一顿暴揍之后，小高做化学家的梦碎了，父亲不再允许他继续做化学实验，但是允许他做物理实验，还给他买了制作半导体收音机的配件。

值得一提的是，在小高父亲制止他做化学实验的时候，小高已经开始研究起氰化物了。当时他手里的氰化物剂量，够毒死全城的人。

变乖的小高慢慢长大。国内战事越来越激烈，高锟全家迁居香港。

几年后，高锟前往英国求学，毕业后留在了那里。1960年，他加入国际电话与电报公司（ITT），从事通信相关的研发工作。

当时的电信通信，主要依赖电话线，你可以简单理解成铜线。比如刚开头所说的**海底光缆**，在没有光纤之前，打越洋电话用的就是**海底电缆**。通过控制铜线里的电流，就可以表达和传递信息，这个我们在肖克利那篇文章中讲过。

在 ITT 工作三年之后，高锟和他的项目组将电信设备的传输能力提高了 50%。随后他开始觉得索然无味，想转行去当个大学老师。

当他找好工作租好房子，提交辞职信的时候，他的上司并没有同意他的辞职，而是让他参加公司旗下的光通信计划。

这一下子激起了高锟的兴趣，但他并没有马上决定。

因为，他十分心疼租房子的订金。

最后，ITT 为了表明挽留高锟的诚意，帮他搞定了订金的问题，还给高锟的妻子安排了个工作。我不知道这只是历史的巧合，还是高锟的上司十分厉害，能慧眼识人，总之 ITT 这下子捡到宝了！

为什么说捡到宝了呢？

因为后来高锟发明了光纤。

刚才我们提到，当时的通信都靠通电的铜线，随着人们对信息传递速度的要求越来越高，铜线跟不上人类的需求了。**因为这些由无数根通电的铜线组建成的通信网络，线与线之间会互相干扰，对信息的传输造成很大的困扰。**

除了干扰问题，铜线的电阻也很耽误信息的传输，电流会因为电阻而损耗，变得越来越小，使信息的远距离传输很困难，也很浪费电能。

当然了，我们有电阻更低的材料——金和银。但如果真的用金子和银子做信息传输的线材，那网费和电话费得多贵？打完一盘在线游戏估计要把房子卖了。

于是，光纤的概念就被提了出来。1966 年，高锟发表了一篇《光频率介质纤维表面波导》的论文，论证了光纤传输的可行性，以此取代电缆通信传输。

因为我们既然可以通过控制电流的通断来传递和表达信息，那么同理，也可以用光的通断来传递

/*

为什么各条线的电流各走各的还会互相干扰呢？因为著名的"奥斯特实验"证明，每根通电的导线都会产生磁场，而法拉第实验又告诉我们，导线切割磁场的磁感线会产生电流。所以，一根电线 A 通电的时候，产生的磁场会被附近的另一根电线 B 切割，电线 B 会因此产生电流，这个电流会跟电线 B 中本来的电流混合，因此造成干扰。

和表达信息。（至于一串电流、一束光是如何转换成我们电脑上看到的图片、视频、文字信息的，这里就不展开了。）

光在两根光纤里传输时，并不会产生相互干扰，这一点可以完爆电缆传输。另外，光纤其实就是玻璃做的细线，这个材料成本比铜线低太多了，毕竟玻璃是可以用沙子烧出来的，地球不缺沙子。另外，玻璃光纤的重量也比铜线低很多，方便运输和铺设。

总之，几乎各个优点都全方位吊打电缆。但你一定有一个疑问，光不会从玻璃中透出去吗？怎么可能在一根玻璃线里传输？

这就要提到一个原理：**光的全反射。**

光从折射率较高的介质（比如玻璃）射向折射率较低的介质（比如空气）时，只要达到一定的入射角度，光就不会射出去，而是完全在折射率较高的物质中来回反射，这就是全反射。

/*
光的全反射示意图

至此，用光来传递信息的理由很完备了。

不过，高锟的这篇论文，并没有产生特别大的反响，大家虽然觉得这个理论很厉害，但当时的工艺根本做不出来符合理论标准的玻璃细线（就是光纤），因为当时的玻璃不够纯净透明，光传输时损耗很严重。

高锟没有气馁，开始了寻找如何做出光纤的旅程。他飞往世界各地的玻璃厂商，希望他们能研发并生产光纤。

不过，很多厂商都表示"没有兴趣"，或是"这根本不可能"。因为关于光纤通信的发展，只有高锟一篇论文，很多厂商觉得看不见未来，就不愿把成本放在如此艰难的光纤研发上，甚至嘲笑高锟是痴人说梦。

高锟的论文并不是特别深奥，重点是"要有合适的玻璃"。把玻璃做成细丝并且纯度很高，在当时是件非常难的事情，堪称颠覆性的，人们甚至连用什么样的工艺来制造这种玻璃都还不知道。

为了推进这件事，高锟忙到连妻子都见不到他，他甚至还找了 ITT 的竞争公司贝尔实验室。他后来在自传中说道："那时我很清楚地知道这个计划是非常大的工程，将来需要动员几百万人。"

四年之后，玻璃业巨头康宁公司生产出了真正

/*
或许你不知道这家公司，但现在你手里智能手机的屏幕大概率产自康宁。你正在使用的网络，大概率通过康宁生产的光纤传导而来。康宁是一家可以称之为"伟大"的玻璃制造商。

意义上的低损耗光纤。自此，全球各地的实验室和工厂才开始积极投入光信息传输的研发。

光纤通信体系的建成是很漫长的过程，就像修高铁一样，不是一蹴而就的。经过无数工程师和机构十几二十年的努力，光纤才被广泛推广应用。到1990 年代，得益于光纤的应用，人类开始进入信息传递的"光速"时代。

要知道，几十年前，别说上网，你打个国际电话，都要提前向电话公司预约，一次通话时长不能超

过三分钟。同时，电话还需要接线员的对接，接线员是会全程听到通话内容的，隐私安全很难保证。

这些主要是因为电缆通信对信息的承载量不足，资源不够用，就要定时定量，还要有中间人（接线员）控制。

在那个年代，你也不能回到家随手打开网络电视，看最新上线的网剧，也不能在电脑上带着兄弟们一起开黑打游戏。因为上网最开始用的线路也是电话线，所以那时候有电话拨号这么一说，网速很慢，而且收费巨贵，是光纤改变了这一切。

随着光纤产业越来越成熟，人类在海底铺设了一条又一条的海底光缆，让光缆横跨了大西洋，几乎覆盖了全球。手机信号基站的背后终端也是光纤通信，除了好用，更重要的是便宜，就连电信运营商防电线被盗的标语也都改成了

"光纤无铜，盗来无用"。

自此，海量的数据飞速传输。世界上任意地点的两个人想联系起来，不过弹指一挥间。

在光纤产业成熟之后，高锟却没有继续从事研发，而是去香港中文大学做了校长，教书育人，成了扫地僧。

2009 年，高锟因为在光纤上的贡献，获得了诺贝尔物理学奖，被世人誉为"光纤之父"。可此时他已经患上了阿尔茨海默病，也就是我们俗称的老

/*
海底光缆里三层外三层被包裹得非常严实。装有光缆的布缆船，一次可以携带约 5000 吨光缆，与"埋设犁"配合，将光缆埋在海底。整个过程非常复杂也非常缓慢。海底光缆有时也怕鲨鱼破坏，以后家里断网了，有可能是鲨鱼咬断了光缆，不过这种可能性非常微小。

/*
2009 年，瑞典国王亲自为高锟先生颁奖。

年痴呆。在颁奖礼上，他的获奖演讲是由妻子代劳的。颁奖流程也做了特别的安排，由瑞典国王将诺贝尔奖牌和奖章亲自送到他手上，而不是像其他得奖人那样上台接受国王颁奖。

高锟先生不仅取得了令世人瞩目的事业成就，而且由于性格上谨小慎微、忠厚顾家，德才兼备，赢得了人们的敬仰。

他从不骄傲，对外从来都说研究成果是公司整个团队的成果，并且一直在想办法脱掉"光纤之父"的帽子，他认为这是几百万人一起努力的成果。

在获得爱立信通信奖的时候，爱立信公司以最高规格邀请他和妻子参加颁奖典礼，飞机可以坐头等舱，住最好的酒店，他可以提任何需求，账单由爱立信支付。而爱立信公司的负责人收到高锟的账单后十分惊讶："你们可真节俭，去年的一个获奖者给了我们一张天文数字的账单。"高锟在自传中回忆道："当时我手头已经比较宽裕，但花费仍十分谨慎，尤其在使用公款时更是如此，既然不胡乱花自己的钱，当然就更不能拿公家的钱来挥霍。"

在生活上和工作上，他一直信奉"忠诚"二字，认为忠诚是自己的盔甲。他对妻子的爱之深切，是很多人无法想象的。晚年写自传时，他是以与妻子的爱情故事开篇的，同时整个自传无论哪部分都贯穿着与妻子有关的事，用现在的话来讲，是个秀妻狂魔。

　　高先生 2018 年离开了人世，纵观他的一生，你会发现这个人十分克制。除了小时候淘气，长大之后没有冒险，没有锋芒，更没有疯狂，我们甚至觉得把高先生放在这本充满偏执狂的书中显得格格不入。

　　但，我们依然把高先生写入此书，因为他代表着一种另类的创业和科研精神。相较于西方巨头们的疯狂，作为华人的高先生厚积薄发、中庸平和，充满了中式智慧，拿一句老话讲就是"闷声发大财"。

　　不对，说起发财，高先生没有在光纤的专利上收取过一分钱，他也从未争取过。因为他认为，公司花钱培养和支持他做研究，已经付过薪水了，研究已经给他带来了名利上的收益，而光纤的专利费用是公司应得的。

所谓大家，不过如此。

PHILIP KATZ

他如
魔术师一般，
把整个世界
变小

英雄程序员
菲利普·卡兹
THE HERO

如果大家平时电脑用得多的话，应该对以".zip"和".rar"为后缀的两种文件不陌生，它们是我们日常使用最多的压缩文件格式。

我们为了给电脑硬盘腾出更多的空间，或者向别人传输一个大型文件时，经常会选择将文件压缩成一个压缩包。大家现在最常见的应该是 RAR 格式的压缩包，不过，解压 RAR 文件的软件是需要用户自己去安装的，但是解压和压缩 ZIP 格式文件却是几乎所有的系统都自带支持的。

从某种意义上来说，**ZIP 在全世界电脑里都留下过痕迹。**

ZIP 究竟是如何霸占如今所有人的电脑的呢？

这要从它的开发者菲利普·卡兹（Philip Katz）说起——

卡兹出生于 1962 年，小时候的他并没有崭露什么头角，就跟大部分人一样平平无奇，在卡兹的高中同学眼里，他就是一个安静、孤僻的男孩子。

孩童时代的卡兹不爱出去蹦跶，周末喜欢和他爹宅在家里玩，白天下国际象棋，晚上敲敲代码。因为当时机器的内存非常小，所以这爷俩儿不得不学会通过精准、简洁的代码，让机器非常高效地工作。

高中毕业后，卡兹去了威斯康星大学密尔沃基分校计算机系读书，这段时间里发生了两件很重要的事情。第一件事情就是他父亲去世了，这让卡兹

/*
因为 ZIP 有拉链的意思，所以该格式压缩文件的图标是一个被拉链拉起来的文件夹。

/*
差评君觉得他应该是本书里结局最惨淡的人物了……

备受打击，悲伤了好一阵，借酒消愁；第二件事情是，卡兹拥有了人生中第一台个人电脑。

按照时间推测，他拥有的可能是 IBM 公司在 1983 年上市的第一台家用电脑。这台电脑顶配只有 64KB 内存，放在现在，大家当然都看不上。

但，当时能拥有一台这样的电脑，简直是"牛掰格拉斯"的事情。

有了个人电脑后的卡兹，越来越沉迷于互联网。孤独的他找到了真正属于自己的社交圈，跟其他程序员混在一起，分享对计算机的热情。

当时的互联网没有贴吧，没有门户网站（万维网是 1990 年底出现的），大家在网上交流靠的是 BBS，它可以说是现在网络论坛的前身。**这个系统需要通过电话线连接，以点对点的方式将信件转发和接收。**

BBS 距离我们的生活有点年头了，早在 90 年代初的时候，中国的第一批网民就开始通过 BBS 冲浪了。在上面可以看新闻、下载与上传软件、打游戏、与其他用户在线聊天，功能和论坛差不多。

但是呢，BBS 的限制又很多，用户把内容传上去后需要赶快下线，否则别人就上不去了。

我们这个故事的主角卡兹在国外玩的 BBS 比国内要更早一点。

那时是 80 年代，美国的 BBS 刚刚诞生，虽然功能上和中国 90 年代盛行的惠多网区别不大，但它用的还是字符界面和命令行，看上去超级简陋。

很多今天在中国互联网领域赫赫有名的人物都在惠多网活跃过。马化腾曾在上面发歇后语帖子，他还拉了 4 条电话线，配了 8 台电脑，开通了惠多网的深圳站，取名 ponysoft（也叫做"马站"）；雷军曾是惠多网"程序人生板块"的版主；有"中国第一程序员"之称的求伯君是珠海西点的站长；担任 8848 网站董事长的王峻涛是福州站的站长。

后来 BBS 在大学圈儿火了，几乎每个知名的大学都拥有了自己的 BBS。比如北京大学的"未名 BBS"，上海交通大学的"饮水思源 BBS"，清华大学的"水木清华 BBS"。

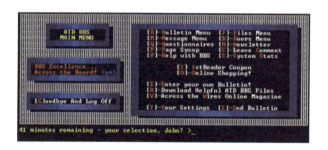

/*
80 年代的 BBS 界面

界面丑归丑，也没几个人介意，毕竟 80 年代初图形界面还没普及，大家也都接受这种操作。但有一个让网虫们头疼的地方是，当时的网速非常慢，普通人上网速度最快也超不过 10kb/s，加载一张图片都费劲，大家想要传输一些大型文件的时候要等好久。

彼时上网采用的是按分钟计费的收费方式，所以上网时间长带来的最直接影响是网费贼高。

那网费贵起来能有多恐怖呢？这么说吧，**工作两小时赚的钱，只能支持你上网五分钟。**

好在 1985 年，一家名为 SEA 的公司在 MS-DOS 上开发了一款 ARC 压缩软件，事情才有了转变。

"压缩"这个词相信大家都不陌生，用一句话简单总结其原理就是：去掉信息中的冗余数据。具体的压缩算法有很多，比如 RLE 算法、哈夫曼算法、Rice 算法等等。这里以相对简单的 RLE 算法为例，带大家感受一下。

RLE 算法的基本思路是用重复字节和重复的次数来描述重复的字节。先看两行数字。

| 12 | 65 | 14 | 52 | 53 | *93* | *93* | *93* | *93* | *93* | *93* | 32 |

| 12 | 65 | 14 | 52 | 53 | *0* | *6* | *93* | 32 |

第一行是原始的数据，第二行是处理后的数据，很明显，遇到连续出现 6 次的"93"时，RLE 算法将它处理成了 3 个字节："0""6""93"。其中"0"是标记字节，而"6"跟"93"的含义想必大家已经知道了，"6"是重复次数，"93"是符号本身。

用这种方法，初始的 12 个字节的数据就被压缩成了 9 个字节。

不同的压缩算法在具体技术上有所不同，但包括视频压缩在内的所有压缩，都是一个消除冗余的过程。

凭借着数据压缩技术，网虫们就能够把文件压缩后再上传到站点上给其他用户下载，大大节省了大家的时间跟网费。ARC 压缩软件在那个年代可是很受欢迎的。

不过，有个很无语的事情，它是要收费的。

当时为版权、专利付费的意识没有咱们现在好，很多人不愿意付钱，卡兹也是，他很快就找到了自己的解决方式——

山寨一个。

当时的软件发行方式跟咱们现在还不太一样，网虫们购买了软件后，不但能得到一份执行程序，还能得到一份C语言的源代码。

于是，卡兹搞起了骚操作。他从网上搞到了一份 C 语言的 ARC 源代码，再用汇编语言重写了一个"新"的软件。由于是参照源代码写的，所以完全兼容 ARC。而且，他做的这个软件比 ARC 运行速度更快，卡兹把这个软件取名为 PKARC，还把它免费分享给网上其他用户使用。这个软件不但免费，还更好用，几乎是一夜之间，广大的网虫都奔向了卡兹开发的PKARC。

网虫是爽了，但是这样一来，ARC 的开发商 SEA 不乐意了。

山寨我的软件还让别人免费用，这不是断人财路吗！

SEA 把卡兹告上了法庭，因为卡兹的软件本质上跟 ARC 并没有什么不同，所以很快法院就判决了，让卡兹赔偿损失，并且停止传播 PKARC。

胜诉以后，原本 SEA 就可以安安心心继续发财了，但很可惜，在这个故事里，他们遇到的是一位天才程序员。

卡兹彻底跟 ARC 杠上了，他下定决心要自己写个全新的

软件，把 ARC 吊起来打。于是，在败诉仅仅几周后，卡兹就推出了一款比 ARC 好用得多的软件 PKZIP。

PKZIP 不但在压缩率、压缩速度上全方面超越 ARC，而且它还有归档功能，能将多个文件压缩到一起。最最最重要的是，PKZIP 仍然是免费发放！

这下网虫们老开心了，PKZIP 在各大 BBS 上被大家疯狂传播，甚至有站长开始把自己服务器上的 ARC 压缩包都转成了 ZIP 压缩包，PKZIP 一度成为统治整个 BBS 世界的压缩工具。

卡兹也成为用共享软件打败商业软件的英雄程序员。

但 1995 年 Windows 盛行的时候，这位英雄程序员的悲剧开始了。

1995 年微软推出了 Windows 95，这款系统带来了更强大、更稳定的图形化用户界面。这个时候有一个叫尼可·马克的家伙跳了出来，面向 Windows 95 推出了 WINZIP，其实 WINZIP 就是往 PKZIP 上面套了一个图形化的界面而已，本质上仍然在调用 PKZIP 来解决问题。

但这并不影响它大卖，一夜之间轻松地占领了所有个人电脑——因为压根儿就没有竞争对手。

别问为啥，要问就是图形化用户界面无敌。

然而，这里面没有一分钱是卡兹的。他只能眼睁睁看着自己的无私奉献被别人拿去赚钱，而自己却生活潦倒。

在如此现实的打击下，卡兹变本加厉地喝酒，他被多次指控酒后驾驶，还因为持有被吊销的驾照驾驶等被下达逮捕令。

再晚些年，他还流连于风月场所。不过，就算在他经常去的风月场所，卡兹也以安静的饮酒者为名，很少谈到自己的成就。他的一位女伴说，最后一次见到卡兹，是在 1999 年时，当时他每天要喝三升酒，而且牙齿已经全烂了。

2000 年 4 月 14 日，38 岁的卡兹被发现死于一家汽车旅馆，死的时候手里还握着一个空酒瓶。

根据卡兹居住城市卫生部门的人说，他公寓里的每个房间都堆满了齐膝盖深的垃圾，冰箱里的食物也变质了。

虽然卡兹英年早逝了，但他的名字永远地留在了大家的电脑里。因为现在几乎所有的电脑都有 ZIP 压缩工具，而每一个 ZIP 文件的开头，都有"PK"两个字符，这是 Philip Katz 名字首字母的缩写。

菲利普·卡兹为全世界的网民写出了一个自由而开放的共享软件、一个大众化的压缩格式，至今还在我们的生活中留有痕迹。

自由、平等、开放是很多科技先驱的追求，也是世界的发展方向。卡兹无疑是一个英雄。

但我们该如何给英雄一面奖牌，让他不用抱着酒瓶死去呢？

//*
用 ZIP 压缩工具压缩之后的内容前面都有"PK"两个字母

涉嫌杀人、
贩毒的程序员，
还要竞选
美国总统

JOHN MCAFEE

网络流氓
约翰·迈克菲
THE HOOLIGAN

两种人生。

第一种：一个没怎么奋斗的程序员，轻松搞出了全球第一款杀毒软件，被安装在绝大多数笔记本电脑里，保护电脑不被病毒感染；功成名就后创建政党，要跟特朗普竞选美国总统。

第二种：一个童年不幸的年轻人，成年后跟随酒鬼父亲的脚步，嗜酒如命，随后愈演愈烈，开始嗑药、贩毒、搞私人武装，最后成了国际通缉犯。

这两种人生像不像 WINNER（成功人士）和 LOSER（失败者）的两个极端？

但，这是同一个人的人生。

下面要和大家聊的就是你永远想不到他能干出什么事的约翰·迈克菲（John McAfee）。

即使上面已经描写了两种截然不同的人生，也不能简单定义他为双面人，因为那只是他 ~~狗血~~ 波澜壮阔的人生历程的冰山一角而已。这位大爷的完整人生堪比好莱坞大片，就没什么出格的事是他不敢干的。

迈克菲有一个不算幸福的童年。他 1945 年出生在英国，父亲是驻扎在英国的美国士兵，母亲则是地道的当地人。大兵父亲酗酒而且性格暴躁，动不动就会殴打他跟他的母亲。在迈克菲 15 岁的时候，父亲开枪自杀了。

读大学时，迈克菲也步了他父亲的后尘，染上了酒瘾。但跟一般的浑浑噩噩、无所事事的酒鬼不

/*
差评君找到了这位大爷最有人样的照片，不信你自己上网搜。

太一样，这哥们儿为了有钱支持自己的恶习，搞起了课外兼职——挨家挨户推销杂志。

他卖杂志的套路特别骚气，他跟别人说：恭喜你非常幸运地获得了免费订阅杂志一年的资格，只需要支付一点点运输费和手续费就能白拿了。

所谓的运输费和手续费其实就是订阅杂志的钱，说白了他就是连蒙带骗。通过这种"诡计"，他赚到了第一桶金。多年以后，他甚至用类似的方式实现了财务自由。

1968年迈克菲从美国罗诺克学院毕业，后来又跑去路易斯安那州立大学继续攻读博士，然而，正经日子没持续太久，很快这哥们儿就被勒令退学了。不是因为成绩问题，虽然他酗酒还搞"兼职"，但是他读书成绩还挺好。他被劝退的原因是：**把自己当助教时带的本科生学妹给睡了。**

虽然博士生涯半道歇菜了，但很快他就负责任地娶了这个学妹，还在NASA（美国国家航空航天局）找到了一份体面的工作。再后面就是顺风顺水的升职加薪与跳槽。他先后在Univac（通用计算机公司）、施乐等科技巨头公司工作。

然而，一直这么风平浪静就不是迈克菲了，本就放荡不羁的他一有钱，马上就不学好。

他学会了吸毒。

毒品差点儿把他给毁了，毒瘾越来越严重，剂量越来越大，迈克菲就这样在毒品里沉沦。1984年，老婆受不了他，离他而去，金饭碗也丢了，好好的康庄大道让他给拐进了阴沟。

但，这哥们儿的人生从来不按世俗的剧本走，他突然又翻盘了……

迈克菲后来说他当时非常孤独和恐惧，在距离崩溃只有一步之遥时，他去找了一个治疗师，决定痛改前非，开始戒毒戒酒。可怕的是，他将执行力拉满后还真就给戒掉了，而且又坐在了军工业巨头洛克希德·马丁的研发部门实验室里。

这世界真██不公平。(ーー)

他的生活不仅恢复了正常，还赶上了时代的机遇——1986年，一对巴基斯坦的兄弟无意中编写了世界上第一个PC电脑病毒——C-Brain。

当时这对兄弟在当地经营一家卖个人计算机的商店，为了追踪并阻止别人盗拷使用他们的电脑软件，他们就编写了C-Brain：只要有人盗拷了他们的软件，C-Brain就会发作，将盗拷者的剩余磁盘空间给"吃掉"，让盗拷者的电脑不能再储存任何东西。

"你知道吗，技术圈的那帮人，还有我自己，从来没听说过电脑也会感染病毒，这太让人着迷了。"迈克菲大爷在BBC的采访中回忆道。

他开发了一个破解这个病毒的程序，还把它放到BBS上供人免费下载。同时成立了一家杀毒软件公司，想靠卖杀毒软件赚钱，公司以他本人名字命名——McAfee。

至此，42岁的迈克菲拉开了另一种人生之序幕。

虽然电脑病毒当时已经正式进入人们的视野，但还没有引起足够的注意，杀毒软件一开始卖得并不好。于是乎，迈克菲再次发挥起了他的

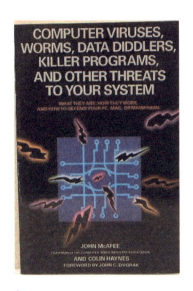

COMPUTER VIRUSES,
WORMS, DATA DIDDLERS,
KILLER PROGRAMS,
AND OTHER THREATS
TO YOUR SYSTEM

WHAT THEY ARE, HOW THEY WORK,
AND HOW TO DEFEND YOUR PC, MAC, OR MAINFRAME.

JOHN McAFEE
CHAIRMAN OF THE COMPUTER VIRUS INDUSTRY ASSOCIATION
AND COLIN HAYNES
FOREWORD BY JOHN C. DVORAK

/*
《计算机病毒、蠕虫病毒、数据盗取、
程序杀手，以及你电脑系统里的其他威
胁》，这本书就不推荐大家看了。

/*
一种电脑病毒，据说每年 3 月 6 日此
病毒就会发作，因那天为米开朗琪罗
的生日，所以称为米开朗琪罗病毒。

商（坑）业（蒙）
天（拐）赋（骗），

用各种各样的骚操作搞起了宣传。

先是通过媒体放话给公众，说电脑病毒正在造成巨大的破坏，有一些公司已经因为经济损失而濒临倒闭。1989 年他还为此出了一本名字巨长的书，强调电脑病毒可能带给大家的危险，就是左面这本。

然后，跟现在的科技界名人一样，迈克菲开始频繁在电视报纸上露脸搞宣传。1992 年 1 月，他告诉几乎所有主流的新闻报纸跟网站，最近发现的米开朗琪罗病毒是巨大的威胁，就在 3 月 6 日，它会摧毁全世界 500 万台电脑。

这样的大声疾呼相当有效。

"随后的两个月里，我的业务增长了 10 倍，六个月后，我们的收入增长了 50 倍，成功在杀毒软件市场上占据了最大份额。"迈克菲在 2000 年写给一个计算机安全博主的信中提到。

然而，到了 3 月 6 日，什么都没有发生，所有买了他杀毒软件的人都买了个寂寞。

再后来，全球也只是报告了几万的感染，离 500 万台电脑差了十万八千里。

这是典型的"恐吓营销"，让人们为未知的恐

惧买单。这事儿还被斯坦福大学商学院当成教学案例，在学校官网上可以看到相关信息。

/*
斯坦福大学商学院网页。
迈克菲内心独白：没收一笔学费有点亏。

　　虽然迈克菲说的 500 万台只是一个营销手段，但此后电脑病毒对电脑的危害确实愈演愈烈。迈克菲对病毒危害的判断是十分准确的，他只是在事儿还没发生的时候就把钱赚了。

　　迈克菲刚发明杀毒软件的时候，电脑跟电脑之间数据互通很不便利，病毒的传播媒介极为有限，病毒只能像 C-Brain 一样通过软盘等介质扩散。

　　随着互联网的蓬勃发展，电脑实现了便利的数据互通，病毒的传播开始猖獗，甚至蔓延到全球。

　　其中有一些纯粹是"熊孩子们"无聊捣鼓出来炫技的，对电脑的实际危害并不大。比如"业界良心"CAD 病毒。被这个病毒感染后，如果你的电脑在 18:00—08:00 这个时间段打开制图软件 CAD，就会弹出让你赶紧去休息的提示框：快点休息了啦！要不做 CAD 的饭碗都让你一个人抢了啦！如果这个

/*
在 1980 年代，计算机上最流行的外部存储工具还是软盘，用来存储文件和在不同电脑之间拷贝文件。当时卖得最火的 3.5 英寸软盘容量也只有 1.44MB，后来随着 CD 和 U 盘的出现而逐渐被淘汰。C-Brain 病毒就藏在软盘上，随人们搭载着飞机火车来到世界各地，在被插入电脑时传染给电脑。

时候你不信邪偏要加班的话，会发现你的 CAD 软件里"移动"变成了"移动复制"，让你根本无法正常使用 CAD，只能放弃加班。

有的病毒甚至会督促你学习，比如 Koolova，这个病毒要求在规定时间内阅读两篇安全资讯，阅读完文章，黑客才会交出解密钥匙，否则就会把你的文件给删除。

当然，心狠手辣的病毒更多。

2007 年 1 月前后，但凡是用电脑的人，几乎都知道**"熊猫烧香"**。被它感染后，电脑系统里所有的".exe"可执行文件都会变成熊猫举着三根香的模样，随后会出现**蓝屏、死机、运行缓慢以及数据文件被破坏**等现象。

还有恶毒程度首屈一指的 CIH 病毒。这个大小还不到 1KB 的病毒于 1999 年出笼，弄瘫了全球 6000 万台电脑。那一年，很多人开机后屏幕没有任何显示，只有死一般的寂静。

电脑病毒猖獗，戴尔、惠普等电脑品牌开始把 McAfee 直接预装在电脑里面，以免用户在使用电脑时中病毒。

不过，时至今日，电脑病毒肆虐已成为过去式，今天咱们已经很少听说有大规模的电脑病毒暴发了。

一来是系统、应用都越来越安全，搞事情越来越难了；二来是不少人发现搞病毒也赚不了什么

/*
没经历过的人现在已经没办法感受到这张图的恐怖了。

钱，现在随着相关法律的完善，搞出事来还得面对牢狱之灾。得，费力还不讨好，拜拜了您嘞！

不过不过，前面这一小段病毒发展史，跟迈克菲一毛钱关系都没有！在骗完"米开朗琪罗"那一票的两年后，他把公司搞上市，套现了一亿美元养老去了（虽然只有49岁）。

据迈克菲的前同事爆料，在他还是公司老板时，他的私生活就已经混乱得一团糟了。毒品真正可怕的地方在于，即使生理上能戒掉，心理上的依赖也会被无限放大。作为老板，迈克菲在办公室里吸毒，员工都已经司空见惯了，他还在私下里和下属玩起了角色扮演、滥交，和《华尔街之狼》中的剧情如出一辙。

他退休后的生活更是比小说还刺激。

先是迷上了瑜伽，意欲参透人生真谛。仅仅2001年就出了4本关于瑜伽的书，2002年他还出了两部关于如何做瑜伽的DVD。

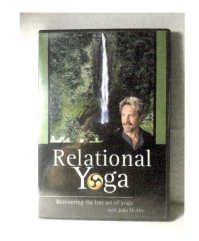

>/
不推荐

可惜这些已然没办法满足一个瘾君子。

他跑到中美洲的小国伯利兹玩去了，他买下了当地一栋别墅，搬了进去，说自己要研究一种天然抗生素，帮助当地政府发展生物科技。你说你一个瘾君子在研究抗生素，伯利兹政府能信吗？政府怀疑迈克菲其实在制毒。

迈克菲还酷爱枪械，他找了一帮当地人，搞了个私人武装。身边女朋友也是换了一个又一个，俨然成了山大王。

迈克菲还时不时出来放放嘴炮。2010 年，英特尔以 76.8 亿美元的高价宣布收购 McAfee 的时候，这老哥还跳出来对媒体说：我自己都不用这款软件，太麻烦了。

反正兜里有钱，想骂谁就骂谁，自己一手创立的公司也不例外。

惬意的"世外桃源"生活最终还是出事了。迈克菲在自家院子里养了很多条狗，引来了邻居的不满。邻居老哥也是个狠人，一怒之下竟然把迈克菲的爱犬给毒死了。惨的是，第二天早上这位老兄就成了一具冰冷的尸体，是谁干的不好说……

当时这事儿还闹得挺大。伯利兹虽然是小地方，消息也很快传到了西方媒体的耳朵里，一时间迈克菲杀邻的消息迅速占据了各大新闻的头版头条。

伯利兹政府直接盯上了迈克菲，并派警察上门逮捕他。他带女朋友逃到了危地马拉。这哥们儿跑路就算了，他还在社交网络上不断更新博客，直播自己的逃亡，还秘密约见媒体，公布自己的动态。

这样操作的结果就是——

翻车了。

不是因为他公布动态翻车，而是因为他约见的媒体里有个"猪队友"，直接把合照传到了网上，要知道图片的 EXIF 信息是包含 GPS 信息的。

根据 GPS 定位数据，警方成功在危地马拉找到了迈克菲。迈克菲嘴上功夫也是了得，经过交涉，最后被引渡回美国躲过了牢狱之灾。

后来爆出的秘辛中，他也确实没有亲手杀人，很多人都说迈克菲花 5000 刀找了个杀手来解决这件事。后来有好事的媒体找到这个疑似杀手小哥，他也没傻到在镜头前承认自己的罪行，打了一通太极之后，第二天就消失了。

迈克菲被引渡回国以后，他又开始创业，还保留着之前口无遮拦放嘴炮的习惯。

苹果说自己很安全，他就说自己可以在三天之内破解，不然当众吞鞋。

/*
所以随意在网上发图片也是有风险的……

结果，当然是放鸽子了。

比特币大热，他疯狂安利别人买买买，还在推特上面说比特币将于 2020 年底涨到 100 万美元，如果预测错误，就在全国性的电视节目上吃掉自己的生殖器！

结果，当然还是翻车了。

这样的口嗨也招来了记恨，等到比特币大跌，信他的粉丝血本无归。有人偷偷给他下了剧毒，是真的毒药。

然而下毒的人可能忘了他是"杀毒"的，早已练就了一身百毒不侵的能力。醒来之后第一件事就是：和妻子一起向敌人比了个中指。

最后呢，就是这些年，迈克菲开始紧锣密鼓地

竞选美国总统。

他创建了一个新的政党——网络党（Cyber Party）（后来他又跳去支持"自由党"）。他主张大麻合法化，反对禁毒；他认为每个企业都应该有自己的宗教信仰，如果消费者违背了企业的宗教信仰，企业有权拒绝服务。

他还有一个竞选总统的最大理由——对于互联网技术，美国政府完全就是文盲，国家安全靠他们，根本靠不住！

对于他的这些行径，差评君依然仿佛身在小说中，现实中谁能干这些事儿啊！

也许你会好奇，迈克菲本人究竟用什么来保护自己在网络世界的安全呢？

他是这么说的：

"我不用杀毒软件，我认为它已经死了。它依仗的是一套老得不行的技术，黑客的技术更新不知道要比它快上多少倍，所以杀毒软件是没有任何意义的。我选择使用不带 GPS 的手机。如果我想要用网络，那么我就用三星手机，并且每隔两周换一个。"

你看，就是这么无情，自己卖杀毒软件的时候，唬全世界的人说杀毒软件好用；现在不卖杀毒软件了，就满世界说杀毒软件没有意义。

或许迈克菲有一个天才的头脑，但生活在人世间，他干的都是魔鬼般的行径，将自己活成了毒品一般。与其说他是

"网络党"，不如说他是个**网络流氓**。

至此，他无法定义的人生也许有答案了。

仅凭一张嘴，
就让
全世界的人
都离不开他

熟悉的陌生人
拉里·埃里森
FAMILIAR STRANGER

LARRY ELLISON

有这么一家公司：我们网购的时候需要它，旅游时买机票、订酒店需要它，在电影院买票需要它，就连上网看个新闻也需要它，去自动提款机上取钱转账都需要它……但是，我们却从来没有在大街小巷看到过它的广告，绝大多数人一辈子也听不到这家公司的名字。

这种角色，我们一般把他称作我们

熟悉的陌生人。

它就是**甲骨文（Oracle）**。

可以说，我们今天的生活时时刻刻都在和甲骨文的产品打交道，它是网络时代谁也绕不过去的幕后大佬——因为它是**管数据的**。

这家公司最初创立是在 1977 年，创始人拉里·埃里森（Larry Ellison），喏，就是这位——

这个人的故事，很适合被网文作者当成原型去写爽文：32 岁之前一无所有，而 32 年之期一到，立马王者归来，游艇买买买、豪宅买买买、飞机买买买、老婆换换换……

不过爽文的开头，主人公都会有一个比较悲惨的童年，拉里就是这样：

拉里 1944 年出生于纽约，他爸是个放荡不羁的空军飞行员，根本没想和拉里他妈结婚要孩子，知

© Oracle PR

/*
在一个被格子衬衫控制的互联网行业，埃里森却以他量身定制的西装与衬衫鹤立鸡群。

道她怀孕的消息之后就拍屁股跑了。他在 9 个月大的时候感染了肺炎，于是被他 19 岁的妈妈寄养在了一个家境殷实的亲戚家，直到 40 多岁他才又和母亲见面。

学生时期的拉里能力中等，成绩也中等，平平无奇地高中毕业，平平无奇地上大学——要说有点儿特殊的话，那就是他因为某些原因，接连转过三所大学，还一个文凭都没拿到！

拉里在大学期间自学编程，不过只学了个半吊子，所以离开大学之后他就搬到了硅谷，在各种公司中讨生计，顺便还讨了个老婆。

假如一切顺利，那么拉里大概会平凡地走完作为普通人的一生。不过，拉里不是个普通人，他有一点特别——他特别

浪。

小时候别家孩子都还在让父母帮忙剪头发的时候，拉里就要请专业的理发师帮忙凹造型了，服饰上也经常追求完美穿搭。等到工作之后，拉里这股浪劲更大了——虽然他不会赚钱，但不妨碍他会花钱。刚结婚不久，他就找了加州最好的整形医生给自己的鼻子做了整形手术；在没什么收入的时候，他还借了 3000 多美元买帆船打算出海玩；更奇葩的是，拉里搞完一条船之后不想着赶紧还借款，反而好像买上瘾一样准备再买一条。

他频繁地换工作，频繁地失业，频繁地收到银行的催账单。拉里不在乎，但不代表他老婆也不在乎，两个人大吵了一架，然后拉里在"老婆"和"船"之间选择了船。

差评君严重怀疑拉里上辈子是条船，不然也不太可能在

这么简单的选择题上翻车。

恢复单身、顺便又换了个新工作的拉里，在新公司遇上了改变自己一生的项目。

拉里 20 世纪 70 年代初在一家名叫 Ampex 的公司里做一些编程相关的工作，恰巧当时 Ampex 承接了一个来自美国中央情报局（CIA）的任务，要求他们开发一款能够存储并检索海量情报数据的档案系统。

为啥要开发这么一套东西呢？因为当时的数据管理实在是太原始了。

在 70 年代，一些高端一点儿的企业已经开始使用计算机管理档案数据了，不过当时的硬盘容量大多数只有几兆，还贵得要死——比方这个当年的硬盘广告：

一块容量只有10MB的硬盘放到现在毫不起眼，但在当时售价却高达 3398 美元。所以相比硬盘，当时比硬盘技术发展更早的磁带存储技术是主流——一块巴掌大的磁带根据压缩比例的不同，容量在200MB—2GB 之间，售价也不算太贵。

不过磁带的存储模式导致了当时的计算机数据库实际上是一种"半人工半计算机式"的古老数据库——当时数据管理员的日常就是，把一个个数据录进磁带，然后像我们以前整理音乐磁带一样，给每盘磁带分门别类贴标签收拾起来，有需要的时候再现找。

/*
这家 Ampex 公司就是开发了美国第一款实用的录音和录像磁带的公司，前文发明街机的诺兰·布什内尔也在这家公司工作过。

/*
惊不惊喜？当时一块硬盘的价格顶得上一台计算机了……

© Daniel P. B. Smith.

/*
提起磁带，差评君立马就感受到了被英语听力支配的恐惧……

/*
Ampex 公司用 Oracle 为项目代号，翻译过来就是"神谕、先知"，是希望这个软件能像先知一样为他们指点迷津，快速找到需要的信息。后来拉里创业后也用了 Oracle 这个名字，公司发展壮大到了中国后，有了一个信雅达的中文名字，就是"甲骨文"了。

然而对于美国中情局来说，每天收到的情报数据是海量的，半人工半机械的"人肉索引"不方便，还会增加泄密风险。所以需要一套更加完善的数字档案管理系统，提供电子化的搜索功能，并且能自动从海量的数据池中提取相关信息。

当时的电脑巨头 IBM 有一套面向商用市场的数据库软件，不过一是定价过高，二是性能也不是太出色，满足不了美国中情局的预期。所以美国中情局就开了个标，看还有谁能做一套更好的。

而当时拉里就在 Ampex 公司参与这个 Oracle 数据库项目。别的员工都在兢兢业业上班，但是拉里是自学的半吊子编程（不知道这公司当初怎么敢招他），

干啥啥不行，"嘴遁"第一名。

大家上班的时候只有拉里整天跑到公司走廊里吹牛皮："哎呀，这个公司太烂了，领导脑袋都跟糨糊一样"；"软件开发进度可真慢，要换我指挥，绝对秒办"。（此处台词纯属差评君脑补）

这货当年没被开除，差评君是震惊的。

然而，不仅没有被开除，他还"吸收"了两个搞技术的同事和他一起吹牛皮，而且越吹越有灵感。最后拉里一拍板，反正公司里这个项目的进展也不怎么地，干脆咱们自己跑出去单干吧。

于是，1977年，拉里成立了软件开发实验室（Software Development Labs，SDL）。

好巧不巧，这时候拉里刚好看到了服务器巨头IBM员工埃德加·科德（Edgar Codd）撰写的一篇研究报告，里面阐述了一种名叫"关系模型"的数据库理论。

简单来说，关系型数据库可以理解成Excel表格里的"筛选功能"。

传统的数据库在处理新数据时，类似于新建一个Excel表格，然后再对数据进行复制粘贴。这样的结果就是效率低下，而且生成了很多新的表格，多出来很多重复的信息，也就产生了所谓的"冗余"。

而关系型数据库在处理新的数据时，加入了"底表"和"中间表"的概念，相当于把已有的表格当做"底表"，把数据筛选出来单独显示（当做中间表），不再占用额外空间，处理效率也更高。

当然了，这个只是最最简单的概括，关系型数据库和我们使用的Excel表格还有很多区别，此处不展开。

总而言之，关系型数据库的原理很复杂，清华大学的计算机教材用了200多页才把事情讲明白，差评君可不指望能在这里用几句话就讲透彻。学霸请自行前往。

关系型数据库理论仍然是现今数据库技术的基础理论之一。当今大型企业使用的数据库大多都是基于关系型数据库理论开发的。埃德加·科德本人也因此拿到了图灵奖——堪称计算机界的诺贝尔奖。

但当时的人们不知道呀，甚至 IBM 自己都不怎么重视科德的这项研究成果。

不过拉里看到这篇文章之后，觉得可行。于是叫来了之前被自己从 Ampex 拐跑的鲍勃·迈纳（Bob Miner）和其他几个同事，几个人合计之后就按照这个路子开干了。

1979 年，基于关系模型理论的 Oracle 2.3 数据库诞生了。

你可能会问了，Oracle 1.0、2.0 去哪儿了，是不是漏写了？

然而并没有，Oracle 数据库一出来就是 2.3，用拉里的话说就是，**"谁会买个 1.0 版本的东西啊"**。

产品开发完成之后，拉里立刻耍开了自己的嘴皮子，在中情局官员的府上三进三出，费了好一番功夫，总算成功截和老东家，把自家的数据库产品摆到了中情局的面前。尽管拉里他们这家公司名不见经传，不过由于关系型数据库在当时是一种全新的数据库设计理念，实机演示过程中对比当时的数据库产品性能有不小的提升。拉里公司最后终于成功拿到了中情局的采购合同，算是开张了。

早期的 Oracle 版本很不稳定，使用起来问题不断。每当用户开始抱怨，拉里就忽悠人家，"新版本已经解决这个问题了"，然后赶紧让"程序猿"推出新版本。新版本匆忙上线又会出现一大堆问题，用户又开始抱怨，拉里又开始忽悠……

就这样，Oracle 的新版本永远最先出现在拉里的嘴巴里。不只拉里，他带领的整个销售团队都是这个德行。

这种销售方式带来的成果显而易见，在 1990 年之前，公司的销售额以每年高于 100% 的速度飞速增长。

同时，这种销售套路带来的破坏性也极其夸张。在 1990

年，由于之前签了大量无法收款的订单，公司坏账、死账率极高，差点破产。后来拉里紧急更换了专业的财务和销售管理人员擦屁股，公司才得以存活。

不过这些都是后话了。

总之在当时，有了中情局的订单做敲门砖，拉里成功地把 Oracle 数据库推广给了更多的政府部门，让自己的生意站稳了脚跟。Oracle 数据库火了之后，拉里趁热打铁，直接把公司改成了和自家产品同名的 Oracle。

我们来总结一下拉里的路子：让好伙伴根据 IBM 员工的研究做了一款软件，然后截和了老雇主的订单，把全球顶尖的情报机构当成自己事业上的敲门砖。

不过话说回来，**甲骨文的崛起是搭上了互联网飞速发展的便车**。随着互联网的深入发展，人们能利用网络处理的事情越来越多：浏览资讯、论坛灌水、远程办公、在线购买机票火车票、银行转账，等等等等。而实现这些事项的前提是，必须有一套性能足够强大的数据库软件在后端记录和处理各种数据——恰巧甲骨文公司手里有现成的东西。

于是很快，除了互联网公司之外，银行、电信公司、航空公司、大型企业、电影院，甚至加油站都成了甲骨文数据库的客户。

所以，从某种意义上讲，甲骨文数据库可以算作是今天人们最熟悉的陌生人——银行转账记录是甲骨文数据库在记录，手机流量的记账系统是甲骨文数据库在记录，买过的机票、淘过的宝贝也都依靠甲骨文数据库记录，甚至商店充值卡、加油站充值卡每一次消费，都需要甲骨文数据库。

拉里本人的身价随着甲骨文的发展而水涨船高，在甲骨文 1986 年上市的时候，就已经达到了 9300 万美元，他成为当时硅谷软件行业的首富。不过他这个"区域首富"的位子还没坐热乎，第二天微软就宣布上市了，然后比尔·盖茨用 3.5 亿美元的身价把拉里从新闻头版里挤了下去。

不知道是不是这个原因，拉里视比尔·盖茨为眼中钉、肉中刺，逮着机会就在公众场合向比尔·盖茨口头开战：

"比尔·盖茨？那可是一种非常有名的病毒！"

"我不介意开着自己的战斗机在微软总部的上空扔下一枚导弹。"

1998 年，美国司法部指控微软垄断操作系统（在"网景浏览器大战微软"那个文段讲过啦），拉里马上"落井下石"，雇用了调查机构，付给清洁工钱，让他们翻微软员工的垃圾桶。结果，这些人还真的找到了对盖茨和微软不利的证据。

差评君一直以为这样的桥段只有电视剧里才会有……

2000 年，拉里的个人财富终于超过比尔·盖茨，短暂地当过一阵子世界首富。

也许是特别喜欢"站在世界之巅"的感觉，凡事都想追求一个"第一"，当时已经是数据库软件领域老大的甲骨文，开始想要在整个软件行业里当第一，于是动用了最简单粗暴的办法——把现有的其他第一名都收购掉。

在 21 世纪初的十来年时间里，"甲骨文收购部"开足马力，要么砸钱，要么搞些小手段，收购了上百家公司，搅浑了数十个行业，铸就了自己铜墙铁壁一般的技术壁垒。从某种意义上讲，拉里也算是

全球恶意收购行为的鼻祖。

这种骂名，估计也就拉里这种放荡不羁的性格能背得起了。

不过现在拉里老爷子可不用在乎这个了，每天到处搞搞讲座，讲讲课，放放嘴炮骂骂友商，日子过得好不快活。

拉里还买了个帆船队，帮美国拿下了"美洲杯"帆船赛的冠军。在此之前，美国队已经有数十年无缘自家的"美洲杯"冠军了。

他在全球各地的豪宅也数不胜数，可以说是全美最狂热的别墅买家。有时候，他买房子还不是一栋一栋买，是一个街区一个街区地买，2012 年他甚至买下了夏威夷拉奈岛 98% 的土地。

可能是受他那个未曾谋面的爸爸的影响，拉里后来也去考了个飞行执照，顺便跑去外国买了两架战斗机。人家也不是买来当摆设的，还曾驾驶着自己的战斗机在太平洋上空和别人进行模拟空战。

感受到有钱人的快乐了吗？

哦对，拉里在跟第一个老婆离婚之后，又换了三个老婆，其中和第三个老婆结婚的时候，还是请

/*
论收购能力，咱们现在经常指责的几家公司在甲骨文面前就是个小弟弟。（SUN 也是被它收购的。）

/*
拉里的这架飞机是意大利空军退役下来的，他本还想买进一架俄罗斯的战斗机，结果被美国拒绝了⋯⋯

的乔布斯当摄影师。能请动乔帮主当婚礼摄影师的，估计也就拉里一个了。

而拉里的两个娃估计也是继承了他们老爹的这副花花肠子，大儿子大卫和小女儿梅根都一头扎进了好莱坞的电影圈子，做起了电影制片生意。

其中大儿子还闯出了不小的名气，他的"天空之舞"电影制片公司现在已经成了汤姆·克鲁斯电影（《碟中谍》）的御用制片公司。

不知道他们两兄妹以后能在电影行业里造出多大的浪花。

话说回来，拉里·埃里森因为自身的性格和不当言行而被很多人诟病，花花公子、爱好美色、恶意竞争……我们很难说他是成功人士，但他没有在浪里沉沦，"慧眼识珠"，抓住机会，创立了全球最大的数据库软件公司，这是让差评君折服的。

突然感觉隔着屏幕打嘴炮的键盘侠也是有希望的——

AARON
SWARTZ

一个全网悼念的

天才少年，

为了知识共享，

被政府活活逼死

互联网之子
亚伦·斯沃兹

THE SON OF NET

要说奇才、高智商，这本书里的人可能都算，但真正可以叫"天才"的也许只有亚伦·斯沃兹（Aaron Swartz），虽然他自己从来不这样认为。

3 岁会编程，15 岁参与制定互联网的规则，18 岁入学斯坦福，20 岁辍学创业，成为百万富翁……这个套着主角模板的天之骄子，却被美国政府以 13 项重罪指控，在 26 岁时吊死在了租来的公寓里。

他罪有应得吗？

NO。

他去世时，万维网之父伯纳斯 - 李公开为这个"罪人"哀悼；大量民众与谷歌、脸书、推特等大批网站同时发起线上线下的抗议活动；《时代》杂志将他与爱德华·斯诺登（Edward Snowden）共列封面，称他为"告密者"。

他短暂的一生奋斗在互联网的最前线，传播互联网"自由与共享"的精神，和旧时代的理念做斗战。

在亚伦的纪录片《互联网之子》的开头，导演用梭罗的名言抛出问题：

世有不公之法，

我们是安于循守，

还是且改且守、待其功成？

或是即刻起而破之？

很显然，亚伦选择了后者。

1989 年，刚满 3 岁的亚伦就有了自己的电脑——他经营软件公司的老爹完美演绎了男生送礼的"就近原则"。

© Fred Benenson

>|

慢慢你就会发现，这个人身上会发光……

那个时候的小孩可能不会对这个庞然大物有啥兴趣，毕竟 Windows 系统也才刚有扫雷。没有什么可玩的？那就自己做一个。刚接触电脑没多久的亚伦，硬是用还没鼠标大的手，在电脑上用 Basic 语言敲出了一个《星球大战》的问答游戏。

在亚伦看来，编程是奇妙的。他的弟弟在纪录片《互联网之子》里回忆道："他能借助编程完成常人完成不了的事，而他也总能找到需要解决的事情。"

时间来到 1998 年，诺基亚在经典机型 6110 上装了贪吃蛇游戏，微软发布了 Windows 98 系统，回归苹果后的乔布斯推出了第一代 iMac。大家都在致力于开发出好用好玩的东西，却没人愿意分享"这些产品背后所蕴藏的知识"。于是，亚伦在自己的卧室里鼓捣出了一款知识共享的产品——theinfo。

这是一个可以实现多人在线编辑的网站，每个人都可以在上面分享自己所擅长的内容，共同制作一个免费的线上"百科全书"。

这个网站和维基百科非常相似，然而维基百科的出现是在三年之后，我们更为熟悉的百度百科则是八年后的事情了。

不过因为亚伦并没把主要精力放在这上面，所以 theinfo 也没像维基百科一样家喻户晓。

但这个网站让亚伦获得了高中生编程竞赛的大奖，这个大奖的奖品包括参观麻省理工学院及与互联网界的知名人士见面。小学生拿了高中生竞赛的奖，估计那届高中生心里一定是"万马奔腾"的。不过亚伦毫不在意，大咧咧领了奖，顺便还加入了主办方旗下的网上开源社区。

开源社区是程序员们交流代码的地方，性格耿直的亚伦自然看到 Bug 就提，每次的解决方案还都很好，成了一名"神秘的高手"。很快就有人因为亚伦的名声找上了他，邀请他一起开发一个新工具——**RSS**。

RSS（简易信息整合）是一种能够将不同来源的信息聚合订阅的标准，它可以让人们避免打开一大堆网页去获取信息，而是将自己关注的内容聚合在一起，获取最新更新的内容。

/*
一种 RSS 阅读器

就像你在微博、B 站、小红书等平台关注了不同的人，每天要打开这些不同平台才能看到他们更新的内容，但如果你使用 RSS 的话，所有信息都会被汇集到一个界面上。

在 2007 年以前，有 31% 的网民使用过 RSS 来获得信息。人们找到自己所需要的内容，只需一个 RSS 阅读器或者是 RSS 邮件服务。

而像雅虎、谷歌新闻、百度等服务商为了让自己的用户能够获得更个性化的服务，也相继支持 RSS 功能。甚至，Windows Vista 操作系统发布时，也将 RSS 功能内置在了系统里。

作为 RSS 1.0 标准的制定者之一，14 岁的亚伦成为名副其实的天才少年，收割了大批年龄比他还大的粉丝。

万维网之父伯纳斯 - 李对他也很感兴趣，甚至后来还跟他成为忘年交。

和伯纳斯 - 李的这份关系对亚伦产生了极为深远的影响，因为伯纳斯 - 李发明了万维网而分文不取，把这个伟大的发明送给了人类免费使用，这种做出好东西免费共享给大家的做法，让亚伦有了关于共享的抱负。

带着这种抱负，亚伦参与到了一个个改变人们获取知识的途径的项目里。

其中最有名的一个项目跟版权有关。讲这个项目之前，我们要先提版权法史上有名的"埃尔德雷德案"。在 1998 年之前的一段时间里，美国的版权法律给企业作品提供了 75 年的版权保护期，在这段时间内企业可以靠版权赚钱，但超出保护期的作品就得流入公共领域，谁都能免费使用。

当时，一个叫做埃尔德雷德的出版商最不缺的就是书了，只要手上的书超过版权保护期，他就可以在不经过版权方允许的情况下，把它们扫描上传到自己的主页，让更多人免费看书。

但美国在 1998 年通过了一部版权保护延长法，将企业作品的版权保护从 75 年延长到了 95 年。这就意味着埃尔德雷德在接下来的 20 年没有免费的书可发了。

埃尔德雷德很看不惯这种守财奴行为，天真的他把当时的美国司法部长告上了法庭。**这种送人头的行为，自然没能胜诉。**

这件事引起了亚伦的注意，他认为公共领域的信息本来就该是自由获取的。亚伦暗戳戳联系上了埃尔德雷德的律师劳伦斯·莱斯格（Lawrence Lessig）。他的想法很简单，他有技术，劳伦斯懂法律，强强联合一定能找到版权在互联网时代的正确打开方式。

于是在 2001 年，大名鼎鼎的 CC 规范（即 Creative Commons，在中国叫做"知识共享"）问世了。

之前的版权领域，作者要么保留所有权利，要么放弃所有权利，说白了就是要么全都带走，要么一无所有。

亚伦的 CC 规范就要自由得多，说白了就是三个问题：

是否要求署名？
是否可以商用？
是否可以改编？

举个例子，我写了一首歌，自然是越多人唱我心里越爽，所以我放开了商用权和改编权的限制。但为了避免有人冒充作者，我要保留这首歌的署名权，别人用这首歌的时候就得提到作者是谁。

别看这个规范简单，正是因为有了它，人们才

/*
"知识共享"发布时，年仅 15 岁的亚伦还是一个胖小子。"他还只是一个孩子，为啥讲台下的计算机与互联网前辈真的会听他的话？"
但他就是能做到。

/*
现在的 CC 规范还包含了"相同方式共享"这个条件，即"只有在他人对演绎作品使用与您的原作品相同的许可协议的情况下，您才允许他人发行其演绎作品"。

许可协议	有效组合
署名标示（**BY**）	CC ① BY
署名标示（**BY**）-相同方式共享（**SA**）	CC ① ① BY SA
署名标示（**BY**）-禁止演绎（**ND**）	CC ① ⊜ BY ND
署名标示（**BY**）-非商业性（**NC**）	CC ① ⊗ BY NC
署名标示（**BY**）-非商业性（**NC**）-相同方式共享（**SA**）	CC ① ⊗ ① BY NC SA
署名标示（**BY**）-非商业性（**NC**）-禁止演绎（**ND**）	CC ① ⊗ ⊜ BY NC ND

能放心地在网上分享自己的知识而不用担心被人剽窃。

现在互联网通用的各种知识共享规范，有一个算一个，都是从 CC 规范延伸来的。不信你看知乎的版权说明，当中规定的非商业目的、注明原作者姓名、不得对作品修改演绎，其实就是 CC 规范的做法。

5. 第三方若出于非商业目的，将用户在知乎上发表的内容转载在知乎之外的地方，应当在作品的正文开头的显著位置注明原作者姓名（或原作者在知乎上使用的帐号名称），给出原始链接，注明「发表于知乎」，并不得对作品进行修改演绎。若需要对作品进行修改，或用于商业目的，第三方应当联系用户获得单独授权，按照用户规定的方式使用该内容。

/*
知乎的版权说明

在国外，用到 CC 规范的地方就更多了，大到维基百科，小到个人博客，你都能在底下找到一行声明："本作品采用知识共享 4.0 国际许可协议。"

像人类之前拍到的第一张黑洞照片，就是用 CC 规范给 EHT（事件视界望远镜）保障了署名权，让大家在用这张照片的同时还能知道是谁拍的。

发起 CC 协议三年后，18 岁时，亚伦就读了硅

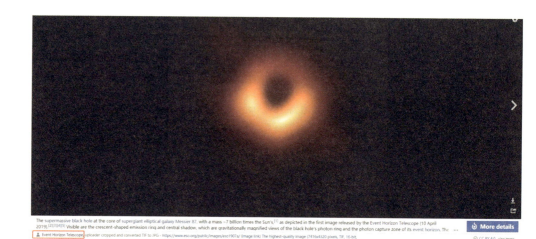

The supermassive black hole at the core of supergiant elliptical galaxy Messier 87, with a mass ~7 billion times the Sun's,[1] as depicted in the first image released by the Event Horizon Telescope (10 April 2019).[2][3][4][5] Visible are the crescent-shaped emission ring and central shadow, which are gravitationally magnified views of the black hole's photon ring and the photon capture zone of its event horizon. The ...

Event Horizon Telescope uploader cropped and converted TIF to JPG - https://www.eso.org/public/images/eso1907a/ (Image Link) The highest-quality image (7416x4320 pixels, TIF, 16-bit,

More details

CC BY 4.0 view terms

谷隔壁的名校斯坦福，但他也没逃过天才喜欢退学的定律，没过多久他就果断离开斯坦福，又干起了十几岁时的老本行——知识共享。

　　他不仅参加了各种知识开放获取的公益活动，还创办了民间追责网站 watchdog.net 和开放式图书馆 openlibrary.org 等非营利性网站，都是用来帮

/
红框里写的就是谁拍的这张照片*

亚伦离开斯坦福后，在世界顶级创业孵化器Y Combinator遇到了Reddit项目的两个创始人，并合伙成立了一家公司：NOT A BUG。

　　Reddit是一个社交新闻网站，用户可以在这里发布信息并与其他人共享。这里还能建立小组，与同好进行讨论，就像我们的豆瓣那样。不过Reddit在美国可比豆瓣要火多了，即使现在，它还是美国的第五大网站，仅次于谷歌、油管、脸书、亚马逊这几个大佬。

　　当时Reddit显然是一只能下金蛋的母鸡。可亚伦根本没把赚钱放在心上。20岁生日时，亚伦出售了Reddit的所有股份，带着百万美元潇洒退场。

助更多人获取信息的。

后来在一次会议上，亚伦听到了一项叫"回收 PACER"的活动，它的目的是回收电子司法卷宗存放系统 PACER 的文档。

简单来说，美国所有的法院在案件审理结束后会将电子司法卷宗上传到 PACER，供公众查阅。这些联邦法庭记录的文件本就属于公众，但你查阅法律文件，每页竟然还要付 10 美分给美国政府。对的，是每一页。

美国政府靠这项业务每年得到超过 100 亿美元的收入。

亚伦听完这个事情后，利用开会的空当开发了一款程序，同时招呼发小把开发的程序带到能免费下载 PACER 的图书馆运行。会议还没开完，亚伦的程序就已下载了 760GB、超过 2000 万页的文本，相当于直接从司法系统薅了 200 万美元。

就这他还嫌不够，买一送一开发了一个浏览器插件，RECAP（将 PACER 倒过来拼写）。这款插件可以在用户购买 PACER 文档后将数据上传到数据库备份，当有其他人再次访问这个文档时，就能直接显示文档数据，不用再买了。

因为亚伦的这个举动，美国人意识到了这些信息本就该是能随时获取的，开始抗议政府这种拿公民权利卖钱的行为。PACER 也在巨大的舆论压力下逐渐免费，到 2019 年，再没有收费 PACER 这回事了。

不过由于动了政府的一块大蛋糕，很快，亚伦就被 FBI（美国联邦调查局）监视了。

虽然被监视，亚伦手上可是一点没闲着，很快他又杠上了学术论文。

可能你会觉得亚伦这是胡闹，论文可是有著作权的，全免费公开了谁还写论文啊。但他针对的并不是那些受版权保护的论文。作为维基百科最核心的 200 名编辑者之一，亚伦自己也是创作者，自然不支持盗版。

学术论文是科学家们的知识结晶，过去的知识为现在提供进步的方向，但偏偏很多七八十年前的论文仍然被出版商当成手上的摇钱树。

用知识营利是件无可厚非的事，但总要有个度吧？

这些"古老"的论文，本质上已经变成全人类的知识财富了，但别说是个人，就连各个大学都要支付一定的费用才能阅读。

于是亚伦找上了一个学术论文版权公司 JSTOR，希望打包购买老论文的版权。

可 JSTOR 的报价是 2 亿美元。

这个价格让亚伦十分愤怒，在他看来，JSTOR 这种行为简直和中午食堂的免费汤卖 10 块钱一碗一样。

于是他带着一台笔记本电脑来到麻省理工学院，利用他们的免费下载端口疯狂下载论文，大量的下载请求一度逼得 JSTOR 完全切断了麻省理工的网络访问权限。

意识到不能速战速决，亚伦做了一个令人窒息的操作：他放慢了下载速度，把电脑直接装到麻省理工学院一个没上锁的机房里。

但很快麻省理工就发现了。正常情况下这种事都是批评教育就完事了，可麻省理工并没有出面制止亚伦，而是先把这个情况上报给了当地警察局，后又在那个机房装上了摄像头，想要掌握犯罪证据。

结果，毫无防备的亚伦被警察逮捕，并被指控违犯了1986 年的《计算机欺诈与滥用法》。如果罪名成立，亚伦将面临 35 年的监禁和 100 万美元罚款，但主动认罪的话，只需要 3 个月监禁的象征性惩罚就完了。

在计算机技术发展最快的年代，却用 25 年前的法律来量刑，这不是用前朝的剑来斩本朝的官吗？

亚伦并没有认罪。因为他明白，如果自己开了认罪的先例，以后就没人有胆量做知识共享了。

不认罪就意味着诉讼，在审判前，亚伦还被政府限制使用互联网。

可就算这样，亚伦还是不断在电视上发表对一些互联网时事的评论，同时推广自己知识共享的理念。

2011 年 11 月，美国国会试图通过一项《禁止网络盗版法案》（简称 SOPA），主张政府可以直接封停有疑似盗版内容的网站。举个例子，假如美国政府觉得 TikTok（国外版抖音）上有条盗版的视频，那他们就可以直接关停 TikTok 在美国的服务器，都不带和你提前打招呼的。

这如果通过，那岂不是要乱套了？

亚伦更是见不得这种信息霸权，从不逛街的宅男主动上街演讲，让人们意识到问题有多严重，甚至领导游行来拖延法案通过。

2012 年的 1 月 18 日，谷歌、脸书、推特、雅虎、亚马逊等大批网站停止服务，在主页打上了大大的"stop SOPA"来声援这次运动。

愤怒的网民把白宫的投诉电话打爆了，时任总统奥巴马也是连忙撇清和 SOPA 的关系。美国国会也因此有点不知所措，本来少数人同意、其他人看热闹的提案，瞬间成了大部分人反对的。最终法案自然也没通过。

这件事儿算是办成了，但被 JSTOR 案拖累了两年的亚伦，为了请律师辩护，花光了积蓄。2013 年 1 月 11 日，拒不认罪又不想拖累家庭的亚伦在纽约公寓中自杀。

这件事引起了轩然大波，无数网民自发地在推特上为他默哀，有议员通过国会提出了《亚伦法》，用来修正早就不合时宜的《计算机欺诈与滥用法》，前面提到的 PACER 也被舆论推向免费化。

在亚伦去世后，亚伦的父亲在《互联网之子》里问道："这些发生后，我们能否做些什么，来让世界更美好？"

在他死后几周，一个免费阅读了他从 JSTOR 下载的论文的 14 岁少年，想出了一种提早检测胰腺癌的方法，让这种以前只能在无药可救时才能检测出的癌症有了提前治疗的机会。

这算是对亚伦在天之灵的一种安慰吧，也是对"知识共享"的最好回应。

而他的去世或许只是一个开始。

在他的追悼会上，一个孩子用马克笔郑重写下了：

我们会继续。

/*
理工男走上街头，力求为世界带来改变。

/*
百年一遇的大批网站集体停止服务。

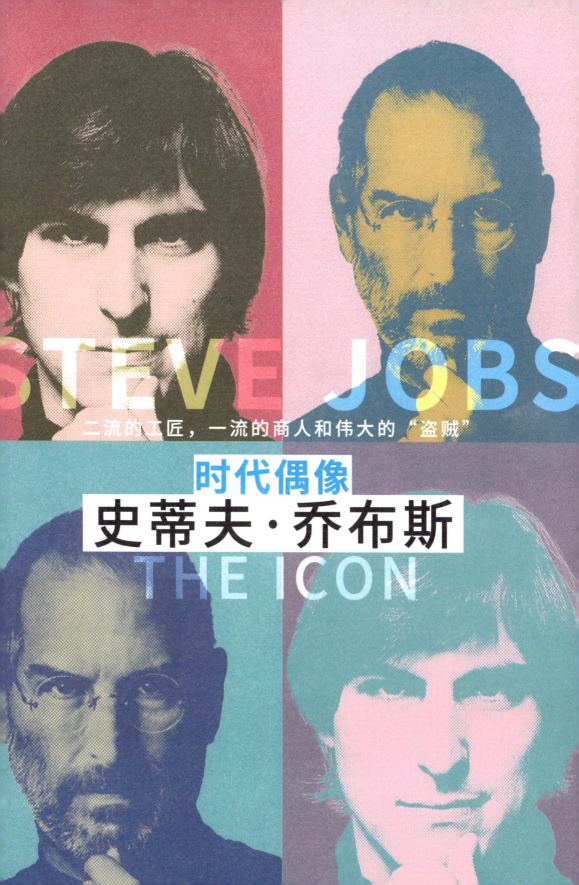

STEVE JOBS

二流的工匠，一流的商人和伟大的"盗贼"

时代偶像

史蒂夫·乔布斯

THE ICON

"我最喜欢的手机总是乔布斯发布的。"

"假如乔帮主还在世，苹果也不会像现在这样，缺乏创新。"

"苹果现在就是在吃老本！"

"假如乔布斯还在世，苹果现在会是什么样子？"

"假如乔布斯从未存在过，我们的生活会是什么样子？"

自从 2011 年 10 月 5 日乔布斯因罹患胰腺神经内分泌肿瘤去世，上面的这些问题，在近十年来不断被人提起，不断被人用来表达对苹果的不满，以及对乔布斯的怀念。

近些年，坊间流传的乔布斯创业故事不断地把他推向神坛，无数怀揣着梦想的年轻人以乔布斯为偶像，称呼他为乔帮主。有人甚至说"乔布斯是改变 21 世纪的伟大的企业家、发明家"，这句话本来没有太大的毛病，但要认真起来的话，却经不起推敲。如果乔布斯真的是你的偶像，你的"帮主"，你喜欢他喜欢得不得了，那你或许应该对他有一些更真实、更接地气的了解——

乔布斯是个不错的**工匠**，但只是二流；

他是个成功的企业家，是一流的**商人**；

至于发明家，有人说，他是个伟大的"**盗贼**"。

根据乔布斯回忆，他几乎是从记事起就知道自己是被领养的。

© Matthew Yohe

>|
怀念乔布斯

他于 1955 年出生在旧金山，未婚母亲乔安妮在他出生之前就找好了他未来的养父母。养父保罗·乔布斯是从海岸警卫队退休下来的机械师，和妻子克拉拉一起，他们给襁褓中的男婴取名为史蒂夫·保罗·乔布斯（Steven Paul Jobs）。

当时应该没有人能预见到，这个名字会成为一个时代的标志。

有一个机械师爸爸意味着：乔布斯童年的父子时光，一大部分是在车库里度过的。就是在车库里，老乔布斯靠修车，一个螺丝一个螺丝地把乔布斯上大学的费用给攒出来了。也是在车库里，工匠乔布斯初具雏形。

为什么说乔布斯是二流工匠？因为这一切都是相对而言的。

乔布斯本身对修车兴趣不大，他只是很喜欢跟父亲待在一起，修车、打柜子、修栅栏。而父亲老乔布斯，是他人生中出现的第一个一流工匠。

乔布斯曾回忆童年跟父亲一起做手艺活的时候，父亲告诉他：**"把柜子和栅栏的背面制作好也十分重要，尽管这些地方人们看不到。"**

几十年后，计算机行业内有一个共识——MacBook 有着业界最干净的背面，没有之一。虽然，你在苹果官网找不到一张 MacBook 背面的照片。

老乔布斯喜欢领着儿子到处溜达。除了游乐场

/*
很多厂商都喜欢模仿苹果产品的正面，但大家都忘了模仿它的背面。

和公园，乔布斯还跟着爸爸参观了家附近的美国航空航天局埃姆斯研究中心。乔布斯回忆说："我第一次见到计算机终端，就是我爸爸带我去埃姆斯研究中心的时候。我觉得自己彻底爱上它了。"

命运的安排就是一个巧合接着一个巧合。乔布斯 5 岁那年，全家搬到了山景城，这个地方后来有了个更响亮的名字——硅谷。

乔布斯就这样浸泡在一个逐渐成为电子科技世界中心的地方长大，邻居们研究的都是芯片、电池、雷达这些新奇玩意儿。来到硅谷后的乔布斯，连搞恶作剧都开始有了科技宅的味道——在家里到处安装扬声器兼麦克风，然后躲在自己的衣柜里监听家里的一切响动。

当然跟所有恶作剧的结局一样，在一个月黑风高的晚上，乔布斯被老爸抓包臭骂了一顿。

上高中后，乔布斯经人介绍，认识了史蒂夫·沃兹尼亚克（Steven Wozniak）。

1970 年秋天，两个史蒂夫坐在马路牙子上聊得最多的是他们各自搞过的恶作剧、音乐以及他们各自做过的电子设计。氛围大概就跟我们小时候在放学路上跟"死党"讨论"周杰伦那首《夜的第七章》实在是太牛了""昨天那卷子我模仿我爹的笔迹完全没被老师发现"差不多。

两年后乔布斯步入大学校园。乔布斯喜欢父亲的正直、宁静和温和，但他并没有成为一个那样的人。

© Gage Skidmore

/*

史蒂夫·沃兹尼亚克。两个史蒂夫一个精明大胆，一个腼腆老实，性格迥异却刚好互补。两人都是鲍勃·迪伦的粉丝，又都喜欢电子设备，在一块儿有说不完的话题，谈恋爱也不过如此……

虽然乔布斯谈不上家境贫寒，但也绝不是富家子弟。在他的固执坚持下，乔布斯叛逆的脚，迈进了里德学院的大门。说叛逆，是因为里德是一所不折不扣的贵族学校。

除了学费贵以外，当时的里德学院可以用几个关键词来概括：富二代云集、嬉皮士、自由、艺术气息以及超三分之一的退学率。就这样，乔布斯过上了最纯粹的自由的"艺术生"的生活。在里德，乔布斯看了大量禅宗和佛教相关的书籍；也是在里德，乔布斯开始尝试素食主义，他试过只吃萝卜和苹果，试过绝食一周。

跟现在有的大学生一样，将来想干啥，不知道，管你选修课必修课，不喜欢就不上，但是挂了还得补考。一年半后，乔布斯就退学了。另外，这个"破"学校，确实有点贵。

退学后，乔布斯依然会去旁听一些自己喜欢的课程，比如书法课。

"我学到了衬线字体和无衬线字体，怎样在不同的字母组合间调整其间距，以及怎样做出完美的版面设计。其中所蕴含的美、历史意味和艺术精妙之处是科学无法捕捉的，这让我陶醉。"（《乔布斯传》）

Mac 系列电脑上，说不上来为什么，但就是觉得好看、舒服的字体和排版的源头，或许就在这里。

乔布斯辍学后第一份正儿八经的工作是雅达利的技术员，时薪 5 美元。"苹果 CEO 乔布斯"确实很牛很厉害，但"员工乔布斯"却不怎么样：他长时间不洗澡，浑身臭烘烘，要命的是性格还古怪偏执。跟他做同事，很难不被气得跳脚破口大骂。

雅达利的创始人诺兰·布什内尔为了让乔布斯在雅达利继续上班，给他调成了夜班。是的，诺兰并没有开除乔布斯，相反，他还交给乔布斯一个项目：你要是能把设备上需要使用的芯片减少一片，就能获得 100 美元的奖金。

诺兰知道单靠乔布斯是搞不定的，但诺兰同样知道经常来找乔布斯玩的、叫沃兹尼亚克的小伙子可以搞定。

这个项目用四天就完成了，乔布斯当然拉上了好朋友沃兹尼亚克。不过他可能都没想到，沃兹尼亚克的设计图直接把设备上的芯片减少了 50 片！乔布斯拿到了 5000 美元的奖金。但是！他却告诉沃兹尼亚克：新设计太紧密了，影响了装配线的生产，雅达利只给了我 700 美元，这钱当然还是按照约定好的平分。于是沃兹尼亚克最后只拿到了 350 美元。

乔布斯这话前半句是真的，雅达利确实因为生产难度太高，没有采用沃兹尼亚克的电路板设计。而后半句嘛，为"商人乔布斯"挣了 2150 美元。

在雅达利工作期间，乔布斯还跑去印度修了几个月的禅，试图参透人与世界之间的联系，找寻摆脱滚滚红尘的方法。他和当地的宗教徒一样穿着长袍、剃光了头，过上了苦行僧式的生活。即使回到美国后，他还保留了打坐冥想的习惯。

好巧不巧，乔布斯的名言"Stay hungry, stay foolish"（保持饥饿，保持愚蠢）折射出了禅宗里"保持初心"的思想；好巧不巧，我们往往在苹果产品上能看到一种对人性的深刻理解；好巧不巧，打坐现在也成了硅谷 CEO 们缓解压力的首选方式。

如此说来，乔布斯是个科技商人，而沃兹尼亚克是个科技工匠。

1975 年，个人电脑开始出现在计算机圈子里，沃兹尼亚克在"自制电脑俱乐部"看到了第一台个人电脑 Altair 8800 后两眼冒光："欸，这玩意儿我也能做啊！"

沃兹尼亚克私下里自己试着组装的个人电脑，比 Altair 8800 要先进得多，连接上显示器和键盘就能使用，不用再像 Altair 8800 一样依靠各种拨杆的控制面板或者电传打字机来工作。

而当乔布斯看到沃兹尼亚克的杰作后也两眼冒光："欸，这玩意儿我们可以拿来卖啊！"

于是次年愚人节那天，Apple Computer（苹果电脑）公司成立。

1976 年 4 月 11 日，Apple Computer 的第一个产品——Apple I 发布，售价 666.66 美元。两个好友各自卖掉了自己的心爱之物来启动这个项目：乔布斯卖掉了自己的大众汽车，而沃兹尼亚克卖掉了自己的惠普 HP-65 计算机。

初代 Apple I 一共约 200 台，全部都是由沃兹尼亚克纯手工打造的，所以当时苹果电脑公司的产品研发部、组装工厂，乃至售后部门，都是沃兹尼亚克一个人。当然，乔布斯就是公关部、销售部和财务部了。

因为售后人手严重不足，1977 年 10 月 Apple I 就下架了。乔布斯针对 Apple I 的老用户提供了打折

/*
和 Altair 8800 对比一下，就能看出
Apple I 有多强了。

/*
乔布斯当时开的大众 Microbus 长这个
样子

优惠以及 Apple II 的**"焕新计划"**。是的，1977 年的苹果就已经有焕新计划了。

在乔布斯的坚持下，Apple I 才变成了商品。**Apple I 定义了现代电脑的人机交互方式，从那之后，所有的电脑都开始配备键盘和显示器。**

而 Apple I 的第一桶金，也是推动苹果这艘商业巨轮启航的第一脚油。

但是光靠一脚油是走不了多远的，苹果在后面很长的一段时间能够正常运作，靠的是沃兹尼亚克在 Apple I 下架的那年就设计成的 Apple II。沃兹尼亚克为这台机器加入了 Basic 语言编译器、支持彩色显示等部件和功能。后来，他还要给 Apple II 加上 8 个扩展槽，乔布斯极力反对——这跟黑毛衣蓝牛仔裤的极简主义相比，完全是背道而驰的设计嘛！

"你要是不想加上 8 个扩展槽，那你自己去做好了！"沃兹尼亚克一句话，堵住了乔布斯爱叨叨的嘴。

于是，Apple II 上出现了 8 个扩展槽。

乔布斯的任务是什么呢？他需要为这台计算机制定一个优雅的主机外壳、引人注目的宣传手册以及品牌 logo。这些东西看似是一台电脑的配料，但乔布斯依然把它们做成了经典。

他把主机外壳做成了塑料的，使电脑看起来更像大众商品——此前的机器都装在冷冰冰的铁盒子里，有拒人于千里之外的感觉；

他把自己**"至繁归于至简"**的设计理念加在了宣传手册上；

/*
Apple Ⅰ是第一台具有彩色显示屏幕的电脑，搭配一个彩色 logo 合情合理……

/*
Apple Ⅱ系列一共服役了 16 年。因为太畅销了，很多国家和地区纷纷出现了 Apple Ⅱ的复制品，也都以水果名字命名，比如凤梨、菠萝等。它是被美国教育系统采用的标准电脑，有些学校到现在还有能正常使用的 Apple Ⅱ。最早的表格软件 VisiCalc 也是专门为它定制的，想在其他电脑上用根本不可能。

最后的苹果 logo 被设计为咬掉一口的苹果形状，上面铺满了彩色的条纹，给苹果披上了叛逆与特立独行的色彩。

当然，乔布斯的任务还有发布会啦。

1977 年，Apple Ⅱ横空出世，在办公、游戏等各方面都吊打友商。短短 6 年，销量超过了 100 万台。

一颗新星在硅谷升了起来。

尽管 Apple Ⅱ成了公司的摇钱树，乔布斯对其并不满意。

我们从坊间听到过很多乔布斯的故事，这些故事塑造了一个控制欲极强、产品方方面面都要做到极致完美的独裁者形象。他身上有着一种难以抗拒的**"现实扭曲力场"**，会逼迫员工完成各种不可能完成的任务。

不过邪门的是，固执、控制欲、独裁在这些故事里甚至变成了优点。

所以，乔布斯怎么可能会容忍自己的产品上有 8 个扩展槽嘛！

在沃兹尼亚克继续升级 Apple Ⅱ的同时，乔布斯开始主导开发新的产品 Apple Ⅲ。乔布斯对这款电脑不断地提出高难度需求，而且朝令夕改，完全不把工具人们当人看。这世界上只有两种想法，乔布斯不认同的想法，就是垃圾，而乔布斯认同的想法，过几天之后就得姓"乔"了。

举个例子，iPod Nano 上的 Click Wheel（操

作环）经典吧，用可按压的触控环代替传统按钮，说它是音乐播放器上人机交互的飞跃，一点都不过分。然而呢，乔布斯充其量就是个拍板的人。Click Wheel 的想法最初是由另一位苹果响当当的人物提出的，即曾任苹果高级副总裁的菲尔·席勒（Phil Schiller）。但大多数人只会说，乔布斯牛█！

　　乔布斯与员工的关系一直处在恶化的边缘，不过沃兹尼亚克后来评价道："**大家都很讨厌他，但没人不尊重他。**"

　　这个特点又成为乔布斯身上难以名状的魔力。

　　乔布斯下了很多功夫，可是 Apple III 销量连 Apple II 的零头都达不到，产品问题频出，直到 1979 年，事情终于有了转机。这年底，乔布斯带着自己的研发人员，组了个观光团，用当时已经炙手可热的苹果电脑公司的股票购买权，换了两次到施乐研发中心观光的团票。

　　有这么一种说法：科技工业史上最严重的一次"盗窃"，是乔布斯带着他的研发团队对施乐研发中心的一次拜访。在这次拜访中，乔布斯"偷"走了图形化用户界面。

　　前面已经讲过，在图形化用户界面出现之前，电脑上的是命令行界面——**它需要用户以软件要求的方式思考并与其交流，因此没有计算机背景的普**

© Usuario:House

/*
经典中的经典，已经好些年没有第一次摸到 iPod Nano 时的那种感觉了。

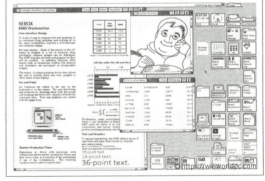

© https://winworldpc.com

/*
图形化用户界面上，文件夹就摆在你面前，爱收拾的人会用鼠标把文件拖放到文件夹里收纳，不爱收拾的人就直接把文件摊在桌面上，我们现在的电脑界面不就是这样子吗？在当时，光这个桌面就酷爆了！但施乐电脑的售价为 16000 美元，这个价格决定了它的命运——叫好不叫座。

通人根本无法使用，也无法看懂它的界面。图形化用户界面的出现改变了这一切。

"他们造出了这么好的东西，竟然就这样把它放在实验室里，他们根本不知道该怎么用它！"看到施乐这样暴殄天物，乔布斯像打了鸡血一样冲回苹果，给手底下的计算机研发团队下发新的任务：

屏幕上要有菜单，要有窗口，电脑要有鼠标！

最重要的是，乔布斯想把它卖给世界上所有的人。

终于，1984 年，这场"盗窃"的集大成者——Macintosh 发布了。

/*
译为麦金塔电脑，简写为 Mac，成为后来苹果电脑的统称，搭载苹果专用系统。

关于鼠标还有一个有意思的小故事：施乐Alto（就是1973年问世的人类第一台搭载图形用户界面的电脑，也是世界上首台使用鼠标的电脑）上配有三个按键的鼠标卖300美元，非常贵，而且极容易坏。乔布斯从施乐回来的第二天，就给负责工业设计的人下达命令，要设计出一个全新的鼠标：它能用上几年，造价只需要15美元，要能在胶木面和牛仔裤上使用。

乔布斯非常看重鼠标对人们使用电脑习惯的改变，他曾举例说道：如果我想告诉你衬衫上有一块污渍，我不会对你说在你衣领下方14厘米、左边3厘米的地方，而是会指给你看，告诉你这里有块污渍。这是所有人都能明白的动作，所以用鼠标来完成各种操作将会有极高的效率。

Macintosh 上图形化用户界面与鼠标的结合，

让晦涩难懂的《计算机使用指南》变成了简单的一句话：用就完事了！

乔布斯花重金为这款产品制作了一个广告片《1984》，发布在超级碗比赛间隙。

/*
美国职业橄榄球大联盟冠军赛。

当初乔布斯给董事会看这个广告片时，整个董事会都讨厌它。但事实上，这个广告俘获了当时很多观众的心。这是偶然吗？当然不是，乔布斯可是营销大师本师。有人说乔布斯去世后，库克这个精明的商人把苹果变成了一个专收智商税的赚钱机器，要知道，库克可是乔布斯亲手挑的。

现在各种社交平台上也常见明星晒新款的iPhone，新款的 MacPro，影视作品中出现的苹果产品更是数不胜数；大家平时看综艺，经常会有这样那样的手机还有明星代言。这招乔布斯在 1984 年就玩得很溜了！

这就是苹果营销的逻辑：**你看，最酷的人都在用苹果！**虽然初代 Macintosh 本身确实意义非凡，但营销同样功不可没。Macintosh I 发布后，乔布斯送了一台给波普艺术的代表人物——安迪·沃霍尔。

"我可能没法成为安迪·沃霍尔，但我可以跟他用一样的电脑。"

这种广告手法在今天是不是也还很好用呢？说乔布斯是聪明绝顶的商人，不过分吧！

话说回来，偷就是偷，为什么要说它是伟大的"盗

/*
《1984》广告片。在一个昏暗的房间里，一列列人齐头并进地穿过一条隧道而来，他们排排坐下，表情木讷。房间前面的大屏幕上一个控制人们精神的"老大哥"喋喋不休地给呆坐着的人们洗脑，灌输什么是 PC。突然，一个穿着背心短裤的女运动员冲了进来，将手中的铁锤掷向屏幕，意在打破当时 IBM 对个人电脑的垄断地位。

/*
安迪·沃霍尔甚至为 Macintosh 创作了一幅作品，这幅画现在的拍卖行估价在43 万 ~60 万美元。

/*
电影《律政俏佳人》里女主角使用的苹果电脑与周围一溜黑色电脑形成对比，暗示使用其他电脑的是书呆子。
补充一个冷知识，苹果对于影视作品中用到自己的产品有非常严格的要求，坏人是不能用苹果产品的！不信，你可以留意一下。

窃"呢？因为在之后苹果的产品中，乔布斯和他的团队，把他们学到的东西又进行了改善优化，使其更适用于大众消费者，而施乐可能永远也不会这样做。

算不上盗窃，当然也算不上发明，从图形化用户界面这个例子来看，乔布斯最擅长的是

Reinvent（重新发明）。

世界上第一台笔记本电脑是 1985 年发布的东芝 T1100，苹果的第一台笔记本 Macintosh Portable 是 1989 年发布的。

世界上第一台智能手机是 1992 年 IBM 公司制造的 Simon Personal Communicator，当然 2000 年后风靡全球的诺基亚大家应该更熟悉，而 iPhone 是 2007 年发布的。

世界上第一个 MP3 播放器是 1997 年发布的 MPman F10，而 iPod 是 2001 年发布的。

世界上第一个 MP4 不是很好追溯，但是早在 iPod Touch 出现之前大家应该都用过便携的视频播放器。当然 iPod Touch 还不仅是视频播放器。

苹果的产品总是慢别人一拍，但它的产品推出后便能立即领先一个时代。

而信仰也是在这一次次的颠覆中被建立起来的：电脑被分为了 Mac 和其他，音乐播放器被分为了 iPod 和其他，手机被分为了 iPhone 和其他。现在

提到便携笔记本，大家很难不想到乔布斯以及他在发布会上掏出的信封。😎

Macintosh 发布之后，乔布斯继续履行着他"颠覆行业"的使命。

※ 乔布斯带来了 iMac G4，告诉世界潮流和电脑可以相处得如此融洽。

※ 乔布斯带来了 iPod。Click Wheel 的加入让音乐播放更有"手感"。

※ 乔布斯甚至用 iPod 推动了音乐数字化的进程。

※ 乔布斯带来了 MacBook Air，告诉世界文件袋里除了文件，还可以掏出笔记本。

※ 乔布斯带来了 iPhone，开启了现代智能手机的新纪元。

※ 乔布斯带来了 iPod Touch，这个不能打电话的 iPhone 让市面上的 MP345678910 退居二线。

※ 乔布斯还带来了 iPad，把双手从键盘与鼠标中解放出来，创造了一种新的使用电脑的方式。

总之，硬件也好，软件也罢，乔布斯从来都不是那个创世神，对于现代科技界依旧在共享的那些成果，乔布斯只是个布道者。

这些产品当然有乔布斯的功劳，不过，差评君要补充的一个信息是，苹果的前首席设计师乔尼·伊夫（Jony Ive）是在 1992 年加入苹果的，所以上面提到的很多产品的工业设计基本都出自乔尼·伊夫之手。

/*
iMac G4这款电脑的设计大胆且呆萌。它的用户给它起了一个很贴切的绰号——"台灯"。

/*
这场发布会太经典了，建议大家重温一遍。当乔布斯从信封里掏出笔记本电脑的那一刻，差评君的心跳明显加快了。

/*
乔尼·伊夫在 iMac、iPod、iPhone、iPad、MacBook 等产品设计中都起到了至关重要的作用，同时，他还参与设计了苹果的地标建筑 Apple Park。

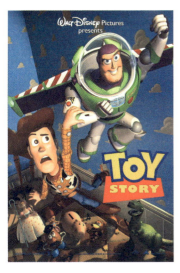

/*
《玩具总动员》在 1995 年获得多项奥斯卡奖提名，最终获得奥斯卡特别成就奖。这个工作室的作品还有《飞屋环游记》《超人总动员》《机器人瓦力》《头脑特工队》《寻梦环游记》等。
《玩具总动员》是差评君最喜欢看的动画电影，没有之一。

乔布斯总是能找到巨人的肩膀，最终成为巨人。

如果你觉得乔布斯这个偏执狂这一辈子都顺风顺水，那就大错特错了，至少在苹果不是这样。

对乔布斯有些了解的朋友应该都知道，苹果有一段无乔布斯时期。简单地总结一下，就是无数讨厌乔布斯的人合力把他搞走了，但后来发现没他不行（注意：不是不讨厌他了），就又把他找回来了。当然，乔布斯不在苹果的时候也没闲着，他创办了 NeXT 计算机公司，又创办了皮克斯——对，就是制作出了《玩具总动员》的那个动画制作工作室。

如开头所讲，差评君用 N 多个故事，将乔布斯塑造成一个"二流工匠＋一流商人＋伟大'盗贼'"这样的形象，这可能和你认识的乔帮主伟岸的形象相去甚远。不过，差评君绝没有夹带私货贬低乔布斯的意思。

以上讲的很多内容，还可以换一种方式讲述：

他常常当面对人破口大骂，是因为他觉得诚实是最有效率的沟通；

他对员工有着极强的控制欲，因为他是一个追求完美极致的艺术家，如果他妥协当一个世俗的人，是做不出伟大的产品的；

他对周围的人冷漠，缺少关怀，因为他把所有的时间都专注在打造最好的电子产品上，他把所有的精力都投入到自己的事业中去。

你看，只要简单地换一种表达方式，你又会对乔布斯有新的看法。我们听到的故事版本不同，对乔布斯的看法也就不一致。

一千个用户心中就有一千个乔布斯。

虽然乔布斯已经离开十年有余，不过他的性格早已融入苹果这个公司的 DNA 里面，你没接触过乔布斯，可你接触过苹果的手机或者电脑，你认为它是怎样一件产品，乔布斯大概就是一个什么样的人。

差评君也是乔布斯与苹果的粉丝。每年秋季发布会时，差评君都会蹲到凌晨熬夜观看一场"科技春晚"，期待看到苹果站在人文与科技的交叉路口，给冰冷的科技持续地注入人性的美感。

往往这时，差评君就会想起第一次使用苹果手机的那个下午，口中不自觉地感叹道：原来手机可以做成这个样子。

硅谷地位最高的华人，研究的东西比核弹还厉害

硅谷硬汉
黄仁勋
THE TOUGH GUY

Jensen Huang

先有仁勋后有天，
显卡在手虐神仙。

——这是网友给黄仁勋作的一句诗。

先不用理解这句诗的意思，仅凭它读起来的气势，你应该就能感受到网友对黄仁勋的"喜爱"。

黄仁勋是英伟达（NVIDIA）的创始人，也是目前在硅谷地位最高的一位华人。他的粉丝可谓是科技圈最"有文化"的一批人，最直观的表现就是给黄仁勋取了许多外号。

那真的是张嘴就来——"老黄""显卡教父""AI大师""皮衣刀客""核爆狂魔""爆破鬼才""两弹元勋""氢弹专家""服装巨头"等等。

每一个称号的背后，都映射着老黄的一段光辉岁月。

如果你没听过黄仁勋或者英伟达，这不足为怪，因为他们生产的不是聊天软件、购物平台或者搜索引擎这些你每天都在直接使用的产品，而是生产支持这些产品工作的硬件——**GPU**（图形处理器，

/*
对不起，真的找不到黄仁勋看起来和蔼一点的照片……

Graphics Processing Unit），它隐藏在你的电脑里，控制着电脑里所有的图形处理，你玩游戏需要它，剪辑视频需要它，购物需要它……

比如你在玩电脑游戏，按下了键盘"R"键，CPU 计算出游戏中的人物要放大招了，然后把指令

/*
GPU 是图形处理器，加上电路板、显存（暂时存储图形处理器要处理的数据和处理完毕的数据）、散热风扇等就组成了显卡。行业里最强的两家生产 GPU 的公司分别为 NVIDIA 和 AMD，用 NVIDIA 的 GPU 组成的显卡叫做 N 卡，而 AMD 的叫做 A 卡。

发给 GPU。GPU 可以迅速计算出这个指令所需要的像素，并在显示器上的指定位置渲染出相应的图形。GPU 的性能越高，画面显示就越顺滑，不然就会一、卡、一、卡的。

这是关于 GPU 最最最简单的应用，现在最火热的人工智能以及需要超高计算性能的超级计算机、生物医疗、金融交易、国防系统等领域都离不开它。

老黄的长相与性格，和之前那些"暴力"的称号都很搭配。这位大叔肌肉发达，好穿黑色皮夹克，因为其"粗暴"的行事风格，在行业里留下了这么一句评价：

老黄不黄，但很暴力。

老黄于 1963 年生于中国台湾，5 岁时移民去了泰国上学。他在当时小小年纪就已经展现出了一种学术意义上的"暴力倾向"：有一次他和哥哥搞来了很多一次性打火机，把打火机里的丁烷一股脑倒在了游泳池里，然后一把大火点了泳池之后一跃而入，躲在水底观察泳池水面燃烧的场景。

好一个赤壁周郎，水面偏能用火攻，一个东方军事理论的简单实验模型就这么被一个小屁孩建立起来了。

先不说这故事是杜撰的还是确有其事，差评君反正是认定，老黄的疯狂科学家细胞从小就在不断

© HanyNAR

/*

哪个男生能容忍因为自己菜电脑卡而输掉游戏呢？所以各位女生（哎，如果有女生买这本书的话），逢年过节不知道买啥送男朋友，照着这个图片买就对了。

分裂了。

　　在泰国没待多久，由于当地政局动荡和教育水平实在不咋的，老黄兄弟俩就被老爸送到了大洋彼岸的美利坚，去投靠在华盛顿州的舅舅。

　　但他们的舅舅在当地也没什么钱和人脉，自然也没法供他上贵的好的学校，老黄哥儿俩也就只是被安排到了一家乡村教会的寄宿学校里。这个学校名义上是教会学校，实则是"热血高校"的翻版，什么刀枪棍棒、抽烟喝酒、打架泡妞、盗窃文身，怎么不良怎么来。

　　每天面对着一言不合就要掏刀子、打架当玩儿的同学，从小"放火烧家"的老黄也不是盖的，不仅靠着聪明才智和豪放的性格成功地混了下来，甚至还结交到了这所学校的扛把子大哥。

　　这个大哥尽管满身是刀伤，出口脏话连篇，但对老黄非常赏识。他不仅教老黄怎么管理手下，还经常给他看一些管理学的书籍。没过多久，老黄这么一个疯子型的天才就混得有模有样了。他在这所坏小子训练营里安全地度过了两年，而且没有学坏哦，反而锻炼出了独立和坚强的个性。同时，这也为老黄身上增添了不少的"江湖气"——哪家科技公司的老板也不会中二到在自己的胳膊上文个自家 logo 吧，可他会。

　　老黄后来被父母接到了俄勒冈州后开始读高中。在这期间，老黄不仅成绩优异，还在乒乓球上展现了他过人的"种族天赋"，在课余时间，他获得了全美乒乓球双打比赛第三名的成绩。

不得不说，中学时期的老黄，

坏到被黑老大认可，
好到被优等生嫉妒。

就这样过了三年，1980 年，老黄顺利考取了俄勒冈州立大学，攻读电气工程专业。本科期间，图形化用户界面计算机开始出现。可能是出于对新兴事物的敏锐嗅觉，老黄当时居然就立志要成为世界上的"图形皇帝"。于是在毕业后，老黄立刻把目光转向了图形处理领域，并开始在 AMD 做微处理器设计师。这期间，老黄积累了不少有关图形芯片的技术，还找到机会和各路供货商打上了交道。

当时图形处理器还不叫做 GPU，只能起到图形的存储和传递作用，一切操作都必须由 CPU 来控制，差不多属于 CPU 的附属品。CPU 处理图形的能力也很鸡肋，不过像旁边这样的文本和简单的图形还够了的。

当然谁也想不到，大名鼎鼎的芯片制造公司 AMD 在未来会被自己员工开的公司踩在脚下。老黄"深入敌营"的这一操作，也被老黄的粉丝津津乐道。这是后话。

在 AMD 工作了大概两年后，老黄跳槽到了一家名为 LSI 的半导体公司。这家公司当时的主要业务就是制造图形处理芯片。不过老黄来这儿干了一段时间后，突然转行做起了销售。

© versionmuseum.com/history-of/microsoft-website

/*
90 年代初的 World Wide Web 浏览器页面

祖籍浙江的老黄大概是血液里还有着浙江人精明的经商基因，LSI 的芯片销量在老黄带领下迅速增长，没过多久他就成功坐上了 LSI 市场部总监的位置。靠着扎实的芯片技术功底，配合新颖的营销模式，很快他就结交了一群商业上的合作伙伴。这是任何的商学课都带不来的一笔财富。

对了，学霸老黄在这期间还"顺便"拿了一个斯坦福的硕士学位。

也是在这期间，他遇到了日后创立英伟达的关键人物——克里斯·马拉科夫斯基（Chris Malachowsky）和卡蒂斯·普里姆（Curtis Priem）。这两位来自 Sun 的工程师给黄仁勋画了一个大大的图形处理芯片的饼。

当时在硅谷，已经有几十家公司在做图形处理器了，未来会往哪个方向发展谁也说不清楚。这意味着自己有机会成为行业标准，当然也可能一步走错满盘皆输。

创业嘛，不难还能叫创业？三个年轻有为的小伙伴一合计，说干就干。

就这样，1993 年老黄辞掉了在 LSI 的高薪工作，全身心投入到这家名为 Nvidia 的"军工厂"之中。

因为老黄曾许诺过妻子自己在 30 岁的时候会成为一家公司 CEO，所以，他特意在 30 岁生日那天才走马上任，当上 Nvidia 的 CEO。太浪漫了。

然而，一上来他就经历了市场的残酷。

经过两年研发，英伟达在 1995 年发布了第一款图形处理器 NV1。NV1 本质上是一块"什么都要"的集成芯片，不仅包含了音频加速器和控制器，还集成了第一代的 3D 图形加速器，成为第一个能够标准化 3D 渲染的芯片。简单来说，它就是一张图形卡+声卡的融合怪，一边要管把图像输出到显示器上，一边还要管声音处理。

作为一块显卡，不仅负责把电脑里的二进制转换成图像送到显示器上，还给你处理了声音信息，本来是一个不错的组合，然而他们选错了技术路线——选了不被人看好的正方形渲染技术。这个想法确实非常大胆，但和行业里最流行和实用的标准并不统一。

正方形渲染技术和三角形渲染技术对于 2D 的图像处理差别不大。但到了 3D 渲染这块，要处理的图片从原来的简单图形变成更加复杂的多边形，甚至是多面体，而任何的多边形都可以切分成一定数量的三角形，因此，由三角形去构成多边形和多面体，就比较快速且方便。

所以图形处理一般都是以三角形为基本单位的，越快的三角形生成率就意味着模型渲染得越快，用户就能有更流畅的体验。更直观地讲就是，玩游戏、看视频可以有更加"顺滑"的画面。

从技术层面来看，老黄在第一代上就选择正方形渲染技术着实是一个败笔。

这款产品的推出在商业上遭遇了巨大的失败，老黄的资金链一度断裂，在破产的边缘死命挣扎。

与此同时，太平洋的另一端，老牌日本游戏厂商世嘉，正面对着索尼和任天堂的崛起一筹莫展，他们开发游戏机"世嘉土星"找不到合适的图形芯片。缺技术的世嘉赶上了缺钱的老黄，一拍即合，当即投资了 700 万美元的研究经费给老黄开发芯片。

虽然这笔钱让英伟达暂时缓了一口气，结果由于英伟达一意孤行坚持用做 NV1 时相同的技术路线，世嘉一气之下放弃合作，最后 NV2 还没开发出来就夭折了。然而不知道世嘉是被老黄的哪种精神给感动了，最终也没有要回 700 万美元的资金。

刚创业就接连两次失败，老黄意识到闭门造车的风险实在是太大了，于是他对外招了一个全明星般的技术团队，决定回到原点重新出发。

在技术团队闷声憋大招之际，老黄注意到软件在计算机行业的地位越来越重。深谙"大树底下好乘凉"这个道理的老黄立即傍上了一条大腿——微软。

1997 年，一款名为 Nvidia Riva 128 的显卡破空而出。它拥有 700 万的三角形生成率，比当时标榜 3D 加速的"图形卡皇"Voodoo 快一倍多。

除了硬件上的优势，英伟达在软件上搭上了微软的快车。还是拿 Voodoo 来说事儿。他们家有自己的一套编程接口，开发者用他们的接口开发的游戏，只能在他们的卡上玩，这就限制了游戏开发者们的市场。

但是支持微软 DirectX 5 接口的 Nvidia Riva 128，可以让游戏开发者不用专门给英伟达的显卡写一套代码，而是所有基于 DirectX 5 开发的游戏就都

/*
当时几乎是图形处理器垄断地位的 3dfx 公司旗下的显卡。

能直接在 Nvidia Riva 128 上运行。反过来，性能贼好的 Nvidia Riva 128 又吸引了更多的开发者跑来用 DirectX 5 开发游戏，完美的一波"双赢"。

简而言之就是：我现在不闭门造车了，和"微软爸爸"合作吊打了一堆友商，真爽！这也说明了软硬件之间衔接做得好，消费者才会买单。

就这样不到一年，Nvidia Riva 128 的出货量已经没有一家厂商能追得上了，它夯实了英伟达显卡王国的地基。随后老黄自信地提出了**"黄氏定律"：每六个月就要让显卡的图形性能翻一倍，这比 CPU 的摩尔定律快了整整三倍。**

在这标语式鞭策下，1999 年英伟达推出了一款名为 GeForce 256 的显卡。这款显卡除了性能无敌之外，更重要的是，它具有划时代的意义——它是

世界上第一款 GPU。

/*
世界上第一款 GPU GeForce 256

这款跨时代的产品第一次把 GPU 这个名字推上了历史舞台，自带的集成计算芯片让显卡真正能独立于 CPU 来完成加速图形渲染的任务，极大程度减轻了 CPU 的负荷，使显卡真真正正地成为电脑中一块有牌面的部件。

也是在 1999 年，英伟达在纳斯达克敲钟上市。三年后，英伟达卖出了 1 亿块 GPU，成为硅谷成长速度最快的半导体公司。而与此同时，仍在和英伟达合作的微软不愿意见到英伟达一家独大，毕竟当

市场上只有一只独角兽的时候，垄断也就形成了，这是科技巨头们所不愿见到的情况。

他们暗地里扶持了另一支"武装力量"——ATI，这家同样是由华裔企业家何国源主导的显卡队伍。

虽然两人是商业对手，但毕竟同是在外打拼的华人，关系其实还算不错。在百度贴吧的显卡吧里，网友甚至帮他们撰写了一段传记。

仁勋少时，学书不成，去，学枪，又不成。国源怒之。仁勋曰："书足以记名姓而已。枪一人敌，不足学，学万人敌。"于是国源乃教仁勋核弹，仁勋大喜。学十余载，核弹始成，威临天下，大炸四方。世人曰："先有仁勋后有天，显卡在手虐神仙。"

——《史记·黄仁勋本纪第七》

此后，虽然英伟达的每一代产品都始终保持着第一名的成绩，但 ATI 的不折不挠使他们和英伟达之间的差距始终没有被拉开，这样的你追我赶也从此开启了 N 卡与 A 卡之间的世纪之战。

>|
自古红绿出CP
(配对角色)

就这样，时间来到了 2006 年，由于资金周转不善，ATI 挂牌出售。还记得老黄之前打过工的那家公司 AMD 吗？他们趁势收购了 ATI，但依然使用着 ATI 的 logo。

直到 2010 年 12 月 15 日，圣诞节的十天前，AMD 放弃了 ATI 的 logo，推出了 HD6900 系列显卡，一举拿下了当时显卡性能的第一名。

"A 卡战未来"

的名号也从此传开。

从此世间再无 ATI。

但 A 卡的名号依然被沿用在 AMD 显卡上。

知道此事之后的老黄震怒了，不仅是因为被对手抢得了先机，更是看不惯 AMD 拆人墓碑的弟弟行为，三个月之后英伟达推出的第一款被网友冠以"核弹级"威名的显卡 GTX590 正式问世，老黄也正式拥有了**"核爆狂魔"**这个名号。

至于这个名号的由来，坊间传闻是这样的。

买顶尖显卡的发烧友很喜欢把买来的卡超频，以此提高芯片的主频来获得超越阈值的性能。你可以理解为我们普通玩家买显卡都是用来打游戏、剪视频的，可这帮钱多得没地方花的人总喜欢用一些厂家不建议的骚操作把显卡性能不断逼向极限。而超频这一技术手段对电源的要求很高，当时能匹配到的最高端的主板，上面的接口也都没办法承载 GTX590 超频的电量。

这样操作的结果就是，超频一次烧一次主板，运气差一点的，CPU、内存全都会被烧掉。这就像老黄施的诅咒似的，无一幸免。

而后续型号 GTX690、GTX790 也都有类似的事故发生，久而久之，在发烧友的口中，英伟达的显卡就和"战术核弹"的名号紧紧地绑在了一起。

这哏越传越邪门儿，到了国内某卫视的《探秘真相》栏目中，竟然说成是老黄把英伟达的 GTX690 显卡搭载在了榴弹上。

后来这件事儿被扒出，原来是节目组在编辑新闻时，误把百度百科中被网友恶意修改的"航母杀手"的词条原封不动地搬到了主播的讲稿里，这才闹了一个大乌龙。于是乎，英伟达是核导弹制造商这个哏，广为流传开来。

有诗云：

一卡一栋楼，

两卡灭地球，

三卡银河系，

四卡创世纪。

比起英伟达的产品，老黄的脾气也更像一个核弹。

老黄被称为"硅谷一霸"，完全不怕得罪任何人。当年《战地 4》测试时用的是 GTX 系列显卡，游戏硬是没跑起来。对此他气急败坏地指责垃圾游戏厂商 EA 对游戏的负优化，公开表示要炸了 EA 的总部。据差评君不完全统计，被他炮轰过的公司有微软、英特尔、苹果、谷歌……

老黄刚把"核爆狂魔"的名号坐实之后，他接下来的操作又将**"皮衣刀客"**的称号收入囊中。

为了更扎实地占领市场，老黄将某些显卡砍掉

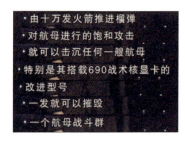

/*

这卫视这下真的社会性死亡了……

一些配置、割掉一些容量后，推出不同型号的显卡。老黄的刀法非常地准，每次修改完的显卡都能精准覆盖各级别产品线，让不同消费能力与需求的人买单。

这样一波行云流水的黄氏刀法让 N 卡粉又找到了新的切入点，结合老黄爱穿皮衣的固有人设，一代"皮衣刀客"的名号在江湖上不胫而走。

2018 年，许久没发大招的老黄发布了一款搭载光线追踪技术的显卡 RTX2080，它能让游戏里的场景实时地反射出最接近真实情况的光效。

比如在《我的世界》这款游戏里，不支持光线追踪时游戏场面是这样的↓

开启光线追踪后，身临其境的感觉产生了↓

看到这样的场景，谁还能不爱老黄呢……

到这儿，老黄创业的故事基本讲完了，而显卡皇帝传奇的下半生才刚刚开始。

在 AI 还没有大火的时候，GPU 除了用来渲染图像，也已经被用来做科学计算。老黄预感到超级计算这是一个超级市场。他秘密启动了 CUDA（Compute Unified Device Architecture，统一计算设备架构）项目，用来打造一个通用的并行计算架构，让 GPU 不只是图形处理芯片。为此，老黄每年投入 5 亿美元进行研发，而当时每年的营收也不过 30 亿美元。

曾经 IBM 为了模拟油气勘探，动用了 70 万个处理器和将近半个足球场的空间，而用了 GPU 加速后，仅用了两台服务器和半张乒乓球桌大小的空间就搞定了。像航空航天、天文学、气象学等数据量极大、计算量也极大的领域，GPU 远比 CPU 有着强得多得多的表现，2020 年世界排名前十的超级计算机里面，有八台用的是他们家 GPU。

英伟达再也不是一个只能为玩游戏提升体验的、存在感极低的小公司了。

老黄在 2011 年的时候，再次预感到人工智能的深度学习技术将在未来改变很多应用，于是就开启了

All in AI

的公司规划。

深度学习、大数据和 GPU 的结合引爆了 AI 革命，而英伟达则是这个行业发展的领路人与奠基者。像如今奥迪、丰田、

特斯拉等车企借助英伟达研究无人驾驶，百度推荐系统采用的是英伟达 AI，至于 VR、AR 领域，更是被英伟达牢牢霸占着。

到 2017 年时，英伟达公布了一组数据：全球已有 1300 多家初创公司使用英伟达平台，其中包括 80 多家人工智能公司、50 家虚拟现实公司与 20 家无人驾驶公司。老黄由此又多了一个称号——**AI 大师**。

/*
英伟达无人驾驶汽车测试

对超级计算和人工智能的超前预感和研究，让英伟达市值反超英特尔，成为硅谷最大的半导体公司。差评君为此想再送老黄一个新称号——21 世纪预言家。

老黄有太多称号了，从这些富有火药味、爆炸力、江湖气和传染性广流传的称号中，差评君脑子里抽离出一个目标清晰、嗅觉灵敏、自信而专注的"硬汉"。

而这，大概就是老黄一生所奉行的暴力美学吧。

玩家之友
加布·纽维尔
THE FRIEND

让一个男人败家，

只需G胖足矣

GABE NEWELL

笑容大概是人类最美好的表情了，有的笑容能让人觉得甜蜜，有的笑容能让人觉得安心，仿佛一切美好的词语都可以用来描述笑容。但是加布·纽维尔（Gabe Newell）的笑容确实是世界上独一份的存在。

如果你是游戏玩家的话，看到这个笑容时，你已经开始情不自禁地用手捂住自己的钱包了。

由于人到中年开始发福，玩家们都叫他 **G 胖**。G 胖所开发的 Steam 平台，是目前世界上 PC 端最大的游戏发行平台。上面有大量的正版游戏供玩家选择，像我们熟知的《英雄联盟》《王者荣耀》这些游戏，只能算是游戏界的冰山一角。Steam 拥有超过三万款游戏，你可以在上面钓鱼、打猎、滑雪，可以去建立城市、星际殖民，乃至创造世界。

如果说诺兰·布什内尔为现代人类提供了一个叫做"电子游戏"的娱乐选项，那么，G 胖则是为游戏玩家们创造了一个超级乐园。

G 胖于 1962 年出生在美国西雅图，从小就是一个典型的"别人家的孩子"——沉迷游戏，并且玩着游戏就考上了哈佛大学。

哈佛学子都知道他们有一个学长很出名，叫做比尔·盖茨，这个人读到一半退学去创业的故事影响了很多人，包括 G 胖。

G 胖在大三那年，去找在微软工作的表哥玩。当他在办公室瞎逛的时候被一个经理逮到了。这个

/*
人畜无害的笑容背后，撒满了无数玩家的血汗钱。

经理被 G 胖烦得不行，于是就对他说："你要是真想把时间全花在这里，那你最好干点有用的事。"

顺带一提，这个经理叫斯蒂夫·鲍尔默，后来的微软 CEO，现在的 NBA 快船队的老板。

可能是斯蒂夫·鲍尔默的话让 G 胖有了感触，回到校园后，G 胖拿学校里学的东西和他在微软接触到的一比较：觉得在微软三个月里学到的东西比在大学里三年学到的都要多，顿时觉得大学生活索然无味。（心疼哈佛三秒钟……）

当然，G 胖说自己在大学里也不是啥都没学会，至少他学会了如何倒立在雪地里喝啤酒，这个技能还算是蛮有用的，只不过这技能对编程没啥帮助。

他毅然决定辍学去微软工作，顺带"瞻仰"一下他的传奇学长比尔·盖茨。

于是乎 G 胖和鲍尔默聊了个天，这事儿就定下来了，他成了微软的第 271 号员工。

虽然有点走后门进微软的嫌疑，但是 G 胖没有辜负鲍尔默的慧眼。G 胖在微软工作的头几年里，算是 Windows 操作系统最初三个版本（1.01，1.02，1.03）的"制作者"。他和学长比尔·盖茨也混得很熟，毕竟两人都是从哈佛辍学出来的嘛，肯定有很多共同话题可以聊，比如怎么在雪地里倒立喝啤酒。

G 胖在微软兢兢业业做了不少大事，其中有一件，直接影响了他之后的职业走向。

在 1993 年，一个名叫约翰·卡马克的大神带着自己的团队在 MS-DOS 上开发了一款叫 *Doom*（《毁灭战士》）的第一人称射击游戏（FPS），这款堪称传奇的游戏被认为是第一人称射击游戏的开拓者之一。

这款游戏有多厉害呢？在当时的美国，

它卖得比 Windows 系统还好。

>/
FPS才是男人的浪漫

"一个电脑操作系统比一款电脑游戏卖得还差"，G 胖从如此反常的一个现象中，感受到了这是微软必须抓住的一个机会：**做出更好的游戏，让每个人都在 Windows 系统上来玩！**

对于现在的玩家来说，在 PC 端玩游戏已经是稀松平常的事情了，但在那个时代，电子游戏几乎就是主机游戏和街机游戏的天下。

之前在诺兰的章节里讲过，诺兰在 70 年代发明了街机，以及商业上非常成功的主机雅达利 2600。这两种玩电子游戏的方式一直都是主流，只不过一个要到街机厅玩，一个可以在家玩。

不过要是想在家玩主机游戏，得先买一台游戏主机，然后再去买游戏卡带，回家放到主机里玩。像右图这样。

/*
和以前做对比，才会觉得现在玩游戏太方便了，但也缺少了仪式感……

这一套东西下来，大概要花费两三百美元，在当时不算便宜，也不算特别贵，至少相对于家用电脑来说是这样。对比之下，那时候根本没有人会专门买一台家用电脑来玩游戏：一来家用电脑很昂贵，动辄上千美元一台；二来上边儿也没啥游戏可玩的，**大家都把电脑当做"生产力工具"。**

为啥电脑上游戏少呢？究其原因还是当时 Windows 操作系统的环境不适合用来开发游戏，本身它就是设计出来办公用的，即便那会儿确实存在一些电脑游戏，也大多是在 MS-DOS 系统下，游戏画面终究是不如主机游戏。

也就是说，即便真的有人想要专门做电脑游戏，也不会在 Windows 系统下做，这对于想要推广 Windows 系统的微软来说非常头疼。

于是 G 胖联系了卡马克他们，并且获得了把 *Doom* 移植到 Windows 95 系统上的授权。为此，G 胖他们还在 Windows 95 系统上加入了 **DirectX** 系列

/·

Direct X 系列接口是微软专门为了多媒体以及游戏开发创建的。这个接口基本上属于开发 Windows 游戏必用的，可以用于绘制游戏中的各种图形，比如阴影、特效等等。该系列的接口直到现在还是 Windows 平台下所有游戏开发者的首选。

接口。

1996 年，他们终于把 *Doom* 成功移植到了 Windows 95 系统上，命名为 *Doom 95*。游戏的画面表现等等都完爆了当年的所有游戏，再加上除了游戏开发之外，Windows 95 系统本身也是个跨时代的伟大发明，市场占有率节节攀升。

凭借 DirectX 系列接口以及自身的市场占有率，Windows 系统从此奠定了自身在 PC 游戏界的统治地位。同时，越来越多的游戏厂商也意识到了电脑游戏的前景，纷纷投入其中。此后，PC 游戏井喷式的发展时代就来临了。

不信你看，现在的电脑游戏，你要想在 MacOS 系统上玩，你都得仔细看看说明书，看它支持不支持

这些系统，但你绝对不需要担心它在 Windows 系统上玩不了，因为 PC 游戏的概念几乎等同于 "在 Windows 系统上能玩的游戏"。

此时的 G 胖已经算是公司的核心员工之一，大家知道这意味着什么吗？没错，他不小心看了看钱包，发现自己已经是个百万富翁了。这个钱就算是在当时的美国也够 G 胖用好些年了，何况他还远远没到退休年龄，以他在微软的资历和自身的能力，当上高管也是指日可待。

可 G 胖没有按剧本操作。由于自己本身就挺爱玩游戏的，刚好这一次移植 *Doom* 给了 G 胖一个契机，再加上身边有个同事跳槽去了卡马克创办的 id software 游戏公司，G 胖突然觉得做游戏才是自己真正想要做的事情。

在微软工作了 13 年之后，G 胖和同事麦克·海灵顿带着在微软赚得的百万财富一起离开了微软，在 1996 年 8 月 24 日成立了 Valve（维尔福）软件公司，而且 G 胖还是在那天结婚的。

公司成立了，婚也结完了，接着就该干活了。

G 胖和海灵顿很明白，想做一款游戏，必须得有个好的游戏引擎，因为游戏引擎决定了一个游戏的画面和画质，而当时最强的游戏引擎，恰好就是 id software 用来制作 *Doom* 的 Quake 引擎。

G 胖和 id software 的关系挺不错，一来二去，事情就敲定了：Valve 的第一个游戏，就用 Quake 引擎来做，而且要做第一人称射击游戏。这个游戏就是后来大名鼎鼎的《半条命》。

© Valve

/*
《半条命》游戏光盘。
PC 游戏在 Steam 平台出现之前，大多
都是使用光盘（CD-ROM）作为载体
发售的，买回家后需要插在光盘驱动器
内使用。光盘的出现淘汰了 3.5 英寸软
盘，因为光盘容量更大，可以装载更多
更大的游戏，但是它和 3.5 英寸软盘一
样，也很容易被盗版。

/*
游戏不能如期发布。

对于自家公司的处女作，G 胖是抱有非常大的
野心的。当时市面上流行的第一人称射击游戏都是
一个猛男拿着把枪突突突突突突就完事儿了，主要
就是一个爽字，而对于《半条命》，G 胖想把它做
成一个不一样的射击游戏：

除了能突突人外，
还要有很好的剧情。

为了能达到这个目标，G 胖带着团队对引擎进行
了大改造，改动的代码占原来代码数量的 70%，这个
被魔改的引擎就是后来 Valve 自家的 GoldSrc 引擎。

这期间还有个小故事：原本定于 1997 年末发售
的《半条命》，发售前一周多，G 胖突然觉得这游
戏不太行，于是果断宣布跳票，又进行了为期一年
的改动后才发售。这大概也是为什么 G 胖做的游戏
能被那么多人喜欢的原因了。

《半条命》发售之后，口碑炸裂，获得了超过
50 个年度最佳游戏奖项，对后来的第一人称射击游
戏产生了深远的影响，甚至被称为"**史上最优秀的
游戏**"。

《半条命》和当时的其他射击游戏最大的不同
就在于它的剧情非常出色，并且游戏中的每个 NPC
（游戏中不受玩家控制的角色）都可以进行互动，
而且互动方式非常自由，不会限制玩家的操作——

靠近 NPC 时他会和你交谈，提供情报，还会帮你打敌人，如果你不愿意和他说话也没事，要是你觉得烦了还可以拿枪把他突突了。

这种设计放到现在也许没那么稀奇，可二十多年之前，只能用两个字来形容——绝了。

《半条命》本身已经足够优秀了，但是 G 胖的一个操作一下子让它实现了更高的价值——G 胖把《半条命》的引擎免费开放给了所有人，还搞了一个社区，鼓励玩家们自己进行创新。

这就意味着，玩家得到了官方的"修改许可"，可以利用游戏引擎把《半条命》改成任何样子，这种修改后的东西就叫游戏 Mod。

于是乎大量的优秀 Mod 在玩家社区里涌现，其中《军团要塞》《反恐精英》的 Mod 更是得到了 G 胖认可，不仅买下了它们的版权，Mod 的制作人也被邀请入职了 Valve。这两个 Mod 随后被开发成了独立游戏发售，给 V 社带来了巨大的收益，其中《反恐精英》很短时间内就和《星际争霸》《魔兽世界》一样成为电子竞技赛事的常客。

/*
《反恐精英》游戏画面

这里还有一个很有意思的事情，当年《半条命》取得了辉煌成绩之后，玩家们对于续作都抱有很大的期待，Valve 也花了五年时间去开发，本来宣布是 2003 年 9 月 30 日发布的，结果和《半条命》一样，又跳票了。

不过好在难产一年多的《半条命 2》最终还是

对于《半条命 2》的跳票，有个德国玩家对此感到非常愤怒，于是就黑进了 V 社服务器，把《半条命 2》的源代码进行了公开。

事发之后，游戏发行商宣布《半条命 2》有超过三分之一的源代码被泄露，这部分代码将要重写，游戏会延期到 2004 年 4 月发布。结果这个德国黑客反手就打脸，几个小时后就把《半条命 2》可玩版本上传到了网上，并表示这次跳票和他黑进服务器根本没关系，因为游戏一共才做了三分之一而已。

这个黑客的技术非常牛，令 G 胖和警察都无可奈何。而事情最大的反转也是黑客自己搞出来的。他给 G 胖发了一封邮件，表达了自己的歉意后又表示自己想进入 Valve 工作，想来他觉得自己的技术能力经过这一次的事已经得到肯定了。G 胖假装答应了，在电话面试时和黑客聊起了天，把他的作案过程套了出来，然后联络了德国警察把他抓了起来。

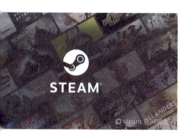

/*
现在差评君在 Steam 上，喜欢买游戏大过了喜欢玩游戏……

于 2004 年 11 月发布了，同样取得了非常棒的成绩。

在第一部《半条命》成功后，G 胖就观察到一个现象，那就是以光盘作为媒介来销售游戏有许多重大缺陷：盗版横行、游戏更新不方便、发行商掌握话语权等等。本来玩游戏应该是一件愉悦的事情，但这种种问题让玩家的体验大打折扣。

为此，G 胖萌生了做一个线上游戏平台的想法。G 胖想过找大公司合作，可是包括微软、雅虎在内都拒绝了他，于是他决定自己做。

后来的结果我们就知道了，G 胖开发出了 PC 端最大的游戏发行平台 Steam，在全球有超过 5 亿的累计用户。

Steam 平台于 2003 年推出，**它的出现，彻底**

改变了玩家的习惯，也改变了整个游戏行业。

就像之前说过的一样，彼时用光盘发售游戏的模式，发行商掌握了绝大部分话语权，你游戏做出来，能不能刻进光盘里拿去卖，要发行商说了算。毕竟这一步对于发行商来说也是一次赌博，光盘刻录压制、市场营销啥的，哪样不需要钱？可是当游戏转到线上售卖时，发行的成本就被压缩到了很低，许多小公司甚至可以自己当发行商。随着越来越多的游戏开发者选择在 Steam 发行游戏，Steam 的游戏生态也逐渐完善了起来。随之而来的流量增加，让许多大厂商动了心，把自己的游戏放到 Steam 上发售。就这样，Steam 平台上目前已经有超过一万款的游戏，从小而美的精致独立游戏，到大气磅礴的 3A 大作，应有尽有。

游戏资源有了，G 胖又聘请了布拉姆·科恩（Bram Cohen），大名鼎鼎的"**BT 之父**"，让

他负责 Steam 系统的游戏分发，保证用户能用最快的速度下载自己的游戏。只要拥有一个 Steam 账号和一台能联网的电脑，无论到哪里，都能登录 Steam 下载已经购买的游戏玩。

这对于当时需要去店里买光盘，回家用光驱读取安装，更新也极不方便的玩家来说简直是嗨翻了。

然而，"玩家之友" G 胖并没有止步于此。他

/*
科恩发明了 Bit Torrent 技术。它的核心是让每一个下载文件的电脑都变成一个独立的小服务器。这样一来，只要下载同一个资源的人越多，下载的速度就越快。

认为 PC 端游戏市场不好不是因为盗版，而是因为各厂商提供的服务不好，于是决定**提升平台的服务**。

G 胖弄了个本子记录玩家的抱怨，并且每天花四五个小时亲自看玩家的邮件。

有一个玩家抱着试试看的态度给 G 胖发了邮件：

"你好，Gabe。我听说尽管你日理万机，但是仍然抽空回复玩家的邮件。我认为这是个好事，但我有点不敢相信。所以我决定尝试一下。你会比 Steam 客服更快地回应我吗？我已经等他们一个星期了。谢谢！我爱你们所有的游戏！"

后来这个小伙真的收到了 G 胖的回复。

G 胖给该玩家回复的邮件：

"你的客服单号是多少？今天之内，Vavle 所有的员工都将帮助你。"

后来这个玩家的问题马上得到了解决。这个玩家公布了自己的经历之后，有更多玩家去找 G 胖聊天，"玩家之友"的头衔从此伴随他，被回复的人被称作受到了 G 胖的"眷顾"。

就这样，越来越多的玩家喜欢上了 Steam 平台，各大游戏厂商也收回了之前对 Steam 平台的轻视，纷纷推出游戏在 Steam 平台上出售。

而由于发行成本的下降，线上销售游戏比线下销售有更大的打折空间，Steam 时不时就会搞一波大促销，动不动就优惠 60%、70%，甚至 90%，这谁顶得住啊？

这也导致了许多 Steam 用户有一个习惯：一看到打折的好游戏就使劲买，结果很可能买了之后好几年都不会打开它。这种行为也被戏称为"喜加一"。随之而来的还有一句玩家间流传很广的玩笑话：

我花钱买了游戏，
为什么还要花时间去玩？

可是折扣打得再狠，终究不是免费送啊，买着买着，玩家们就发现自己口袋里的钱没了。

这也是为什么一开头差评君会说，看到 G 胖的笑容，会让人忍不住捂住自己的钱包了。

可能是 G 胖为了让大家留着点钱吃饭，还贴心地推出了"退款功能"。只要是在购买后 14 天之内且游戏时间不超过两个小时的游戏，Steam 都支持无理由退款。意思就是你买错游戏了可以退款，买完发现电脑配置不能玩可以退款，玩过后发现不喜欢都可以退款。

这样的良心策略让玩家们成了 G 胖的死忠粉。

自家平台做大的同时，Valve 也没有放下自己的老本行，随后开发的《求生之路》系列、《传送门》系列、Dota2 等游戏全都得到了玩家们的高度评价，同时 Valve 还涉足了 VR 游戏领域，发布了知名的 VR 设备 **HTC VIVE**。

只不过不管是哪个游戏系列，最多只出到第二部，然后就迟迟没有下一部的消息，因此 G 胖也被玩家们戏称为"不会数 3 的男人"。G 胖也知道自己的这个哏，他不以为意，因为他只想做好游戏，而不是为了赚钱做出一款自己不满意的续作。这一点上，谁说话都不好使。

而 G 胖对于自家游戏的认真程度，任谁也挑不出毛病。像 Dota2 每年举办的国际邀请赛正赛阶段，玩家们每次都可

>|

G胖，yyds！
（永远的神）

以看到 G 胖现身主舞台致辞，并且对所有观众说出那句"Welcome to the International！（欢迎来到国际邀请赛！）"。

而且 G 胖还亲自为 *Dota2* 录制了一个语音包，其中在录制"三杀"这个播音效果时，为了迎合自己"不会数 3"的哏，还专门把台词改成了"你击杀了多于 2 个人，但是不到 4 个"。

当然，近几年 Steam 在数字游戏发行上也有了许多强大的竞争对手，比如腾讯的 WeGame 平台、靠《堡垒之夜》发家的 Epic Game Store 等，都在试图分走一块蛋糕。而且去年 Valve 发布的游戏 *Artifact* 由于系统过于复杂遭遇了巨大的失败，许多人也都等着看 G 胖如何破解这个困局。

结果今年年初，Valve 发布了一个叫《半条命：艾莉克斯》的 VR 游戏，凭借逼真的画面、鲜活的人机交互震撼了整个游戏界，被认为是"来自未来的游戏""VR 游戏真正该有的样子""迄今为止最好的 VR 游戏"。

原来，这个从来就不安分的胖子，早就把目光放到了比游戏业界更远的地方，自始至终，他的坚持都没有变过：

为玩家们做出好游戏。

之前有玩家戏称 Steam 平台——**"垃圾平台，毁我青春，颓我精神，耗我钱财"**，差评君想，这也是玩家们对 G 胖以及 G 胖所创造的 Steam 帝国的一种变相认可吧。

最后，仍要友情提醒：

青春本无价，游戏须理性。

Larry Page 🔍

专治不明白，有任

何问题都可以找他

隐者领袖
拉里·佩奇
THE LEADER
ARRY PAG

如今，我们遇到不明白的问题，第一反应肯定是去网上"搜一下"，至于用的是"百度"还是"搜狗"或者是别的，就看个人喜好了。

这些被人们用来搜索信息的网页系统，被统称为

搜索引擎。

在中国，最出名的搜索引擎肯定是百度，而在全世界范围内，最广为人知、被用得最多的搜索引擎，无疑是谷歌（Google）。谷歌凭借着优秀的搜索引擎技术，在今天已经成为全世界浏览量最高的网站，每天都有数亿人使用谷歌搜索"What…""Why…""How…"。相信不少读者朋友也感受过，不过 2010 年，谷歌搜索因为违反中国的互联网管理规定而退出了中国内地市场。

而谷歌的创始人拉里·佩奇（Larry Page）在 1998 年创建谷歌的时候，估计也没想到二十多年后，谷歌会成为如今这样一个庞然大物。

佩奇 1973 年出生于美国的密歇根州，他的父母都是电脑方面的专家：他的父亲是美国计算机科学领域的先驱者之一，母亲则是密歇根州立大学计算机科学的教授。

饱受父母教育熏陶的佩奇，在密歇根大学安娜堡分校拿到工科学士学位后，接着去了斯坦福大学深造，拿下了计算机工程的博士学位。

佩奇是乐高的骨灰级粉丝，在大学期间，他就

/*
任何时候看起来都文质彬彬的佩奇

© James Duncan Davidson/O'Reilly Media, Inc.

/*
佩奇的伙伴布林

© Yahoo

/*
早期的雅虎页面

用乐高积木搭建了一台可编程绘图仪。刚创业时，公司用的第一台服务器的机箱，也是他用乐高搭出来的。后来他的爱好渗透到了公司，谷歌的经理在招聘时，有时也会用到乐高对面试者进行测试。

在大学，佩奇遇到了自己的伙伴谢尔盖·布林（Sergey Brin），他俩一起创建了后来的谷歌。

他们两个在上大学的时候（90年代早期），越来越多的网站开始出现，网络上的信息越来越多，人们迫切需要一种能帮助他们随时找到自己想要的信息的东西。

最开始解决这个问题的是雅虎，不过它的解决方案很鸡肋。比起现在的搜索引擎，它更像是一个"网址导航"，只是把许多网站分门别类，用户需要像查字典一样从大类到详情页一个个查下去。

除此之外，一些经常上网的网民也会用小本本记录自己经常用到的网站的网址。这些做法我们现在就不需要了，想登录哪些网站，直接搜网站相关的信息就可以搜索出来。

雅虎所提供的搜索功能，是把用户的搜索内容和数据库中的页面进行比对，页面包含的内容和用户搜索内容一致性越高，排名就越靠前，这种匹配方式叫做**"关键词匹配"**。

但是这种匹配方式存在很多问题，最明显的缺陷就是一个网页可以通过叠加某个关键词，让自己的网页排名上升。比如我想要搜索"apple"，如果一个网页内容全是"apple",没有别的单词,那么这个网页的排名就会变得很高,可是对于用户来说是没有意义的。

时间来到 1996 年,美国《华尔街日报》网络版的实时金融信息系统聘请了一个中国人来当设计师,这个人就是后来百度的创始人**李彦宏**。

这个金融信息板块,里面有大量的实时资讯,每天要新增约 15 万条内容,信息太多导致用户无法判断搜出的结果中哪个是有用的,需要花费大量时间一个个看过去。为了解决这种麻烦,李彦宏发明了一项叫做**"超链分析"**的技术,并在 1997 年注册了专利。

这种技术通俗点讲就是一种把网页根据其重要性进行排序的方法。

以前的搜索引擎,都是像雅虎那样把"关键词匹配程度"作为排序的依据。

而超链分析对网页排名的依据除了关键词之外,还有网页所包含的其他网页对它的超链指向,也就是说,它所分析的数据内容更多,也更客观。

就好比班主任要在班里选一个人去参加数学竞赛,A 同学一个劲地在台上自吹自擂,说自己数学成绩好,B 同学则说自己数学成绩有多好问问班上其他同学就知道了,于是班主任就找了好几个同学了解情况,他们都说 B 的数学成绩很好。

在这种情况下,前面的"关键词匹配"算法就会选 A 同学,而李彦宏的超链分析技术,则会选 B。相对来说后者更有说服力。

李彦宏在研究超链分析的时候,1996 年,佩奇和布林

研究出"超链分析"后，李彦宏辞去了自己的工作，去了硅谷的搜索引擎公司 Infoseek 继续研究完善自己的搜索算法。1998 年 4 月的时候他去澳大利亚进行过一次关于搜索引擎技术的演讲，据说当时台下就有佩奇和布林。

这个消息不一定准确，但是佩奇和布林两个人在他们之后申请 PageRank 专利的论文里确实提到过"超链分析"，只不过是作为反例引用的。

PageRank

© Felipe Micaroni Lalli

/*
PageRank 模型

两个人在斯坦福大学的校内板块上搞了一个叫做 BackRub 的搜索引擎。BackRub 的搜索算法就是后来谷歌搜索的 PageRank 算法的基础。

PageRank 算法的研究对象同样是一个网页所包含的其他网页对它的超链指向，只不过想得更细。除了"多少"，PageRank 还会考虑到每一个指向它的超链的"分量"。同一个网页上分布着不同"分量"的链接，它们对于这个网页做出的"贡献"也是不一样的。

还是以班级数学竞赛者选拔为例。班上那几个同学都说 B 同学数学成绩好，但是这几个人里成绩、品德、素质有好有坏，在超链分析的逻辑下，这几个人的话分量是一样的，都能给 B 同学加 1 分，而 PageRank 则会考虑到他们的综合"权重"，比如品德好的同学的投票加 2 分，品德不好的同学投票只能加 0.5 分，最后再进行排序。

在 1997 年，佩奇和布林搞出的 BackRub 搜索引擎已经有了一定的知名度，不过这俩人一心想搞学术，所以打算把它卖出去。他们找到 Excite 公司，并且给出了一个很有诱惑力的价格。

Excite 十分感动，然后——拒绝了他们。

而现在，Excite 的一个联合创始人正在谷歌上班。

1998 年，佩奇和布林准备自己开公司。可是他们两个刚毕业没多久，手头也没钱，于是到处找亲戚朋友借钱，再加上一些投资者，东拼西凑凑出了起步资金，最终在 1998 年 9 月 4 日创立了谷歌。

佩奇和布林是在苏珊·沃西基（Susan Wojcicki）的车库里开始创业的，她曾经是他俩的房东。后来，她加入谷歌，成了谷歌广告业务高级副总裁以及 YouTube 的 CEO。在 2014 年，约翰斯·霍普金斯大学邀请她演讲时她透露，谷歌 500 亿美元收入有 87% 来自她。她在加入谷歌后生了 5 个娃，人称"谷歌母亲"。

© TechCrunch

谷歌出现以后，又经过测试、完善，从此网民上网就不用再花费大量时间去自己筛选需要的网页了，只要记住 Google.com 就可以了，就可以在最短时间内找到最高质量的信息，对于网民搜索资料的效率是一个极大的提升。

佩奇外表看起来非常斯文，其实是个非常有野心的人。他当年设计 BackRub 时，不是想赚钱，而是梦想改变人们的生活——**凭借自己的力量来改变世界，是理工男最极致的浪漫。**

而他做到了。

谷歌搜索占据了全世界 90% 以上的搜索份额，人们可以借助谷歌搜索到自己想要的东西。随着技术的进步，谷歌搜索引擎也在不断地更新换代，不断地提升优化自己，越来越多样化的搜索方式、越来越智能的搜索结果才是谷歌搜索能屹立不倒的原因。

比如差评君搜索"马云"，以前可能出现的是：

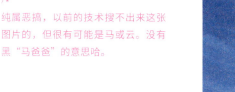

纯属恶搞，以前的技术搜不出来这张图片的，但很有可能是马或云。没有黑"马爸爸"的意思哈。

而有了谷歌搜索之后，它会根据用户的使用习惯、时间、地点的不同来确定给出"云"还是"人"，还是"马"。

虽然现在提起谷歌，大多数人第一反应还是觉得它就是个搜索引擎，但实际上谷歌已经是一个涉足互联网搜索、云计算、人工智能、地图、视频、手机操作系统、浏览器等多个领域的综合跨国科技企业了，可以说现在的互联网生活中，到处都有谷歌的影子。

2004 年 4 月 1 日，在愚人节这天，谷歌第一次将触角伸向了搜索引擎以外的领域，推出了免费版邮箱Gmail，存储容量为 1G，对微软和雅虎的邮箱业务造成了巨大冲击。目前用户数超过 15 亿。

之后，谷歌开始涉猎生活中的各个领域。

谷歌地图的出现，让人们可以随时找到自己想要去的地方，无论是网页版还是移动版，它都被评为用户最喜欢的地图。

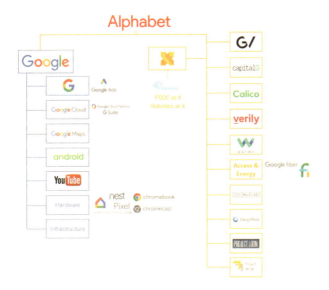

>/
谷歌"全家桶"

YouTube 当年横空出世，被谷歌以 16 亿美元的价格收购，如今已经是世界上最大的视频网站。**安卓系统**则成为移动端操作系统市场上绝对的王者。2019 年 statcounter（美国数据统计网站）的调查显示，它占全球市面上移动端系统总量的77.14%，遥遥领先于苹果的 22.83%，剩余的其他移动端操作系统加起来才占了 0.04%。

谷歌的 **Chrome 浏览器**不管是在桌面端还是移动端，表现都非常抢眼。在 2019 年，它们分别占据了全球 70% 和

60% 的市场份额。微软 Windows 系统自带的 IE 浏览器在 Chrome 浏览器面前完全就是个弟弟，就算加上它的兄弟 Edge，份额也不到 10%。至于移动端，也就苹果的 Safari 系统占据了 20% 左右的份额，勉强还算能看。

谷歌大脑部门的 **TensorFlow** 项目在人工智能领域也是一骑绝尘，最著名的就是 2016 年以 TensorFlow 为核心的人工智能阿尔法狗（AlphaGo），击败了围棋宗师李世石，一战成名，掀起了人工智能领域的研究热潮。

/*
阿尔法狗大战李世石的名场面

除此之外，还有**谷歌自动驾驶、谷歌地球、谷歌手机、谷歌光纤**以及仍然藏在"X 实验室"里的等等项目。谷歌旗下的那么多产品，每一款单独拿出来都可以算作是一个巨大的创新，而如此多的成功汇聚在一起，成就了谷歌这么一个传奇的公司。

今天，谷歌重组后的母公司市值超过 1.58 万亿美元，成功加入"万亿俱乐部"。

而佩奇作为谷歌的创始人，相对来说算是非常低调了。

在 2019 年，拉里主动从 CEO 职位上退下，很少参与公司的管理事务，也很少接受采访，把自己隐藏了起来。这种事他也不是第一次干，在 2001 年的时候拉里就辞去过 CEO 的职务，而且一辞就是十年。

我们在网上很难搜索到他的逸事。坊间传言是因为现在人们从互联网获取信息的入口就是搜索引擎，而其中的霸主就是谷歌，**佩奇早就把那些关于自己的、他不想让人看到的内容隐藏了。**

佩奇自己曾说："如果你在尝试改变世界，那么你正在做真正重要的事情。相信你每天都会在兴奋中起床。"每天做着"真正重要的事情"，可能他真的没什么八卦逸事。

他虽然已经是常年位居福布斯排行榜前十的富豪，但这只是谷歌的成功带来的"附加价值"而已，真正让他兴奋的和坚定始终的目标只有一个，那就是

改变世界。

在 1998 年佩奇刚创业时，谷歌人力资源主管有一天看到他正在摆弄乐高玩具，他的面前摆放着一些机器人手臂等装备，于是便问他到底在干什么。"我正在研究如何让人们无需用手也能翻书，"佩奇说道，"总有一天我们会把世界上所有出版的书都放在互联网上，这样所有人都能看到。"

不久，佩奇又带着照相机、开着车在各个地方停停拍拍，回家后把照片上传到电脑上。他坚信，以后谷歌可以在汽车上装上大量的照相机，然后行驶在世界各地的大街小巷沿途拍照，从而创造一个数字化的、可以搜索的现实世界。

当初这两个听起来不着边际的想法，都被佩奇坚持下来并且做到了。

截至 2019 年，谷歌图书项目已经进行了 15 年，扫描图书超过了 4000 万册。

谷歌街景从 2007 年开始，派出三轮车、汽车、轮船、雪

/*
谷歌取景车

地摩托等不同的设备在全球各地取景，有些偏远一点的地方，比如周围都是茫茫大海的法罗群岛，他们就把摄像机绑在羊身上拍摄照片。现在谷歌街景已完成114个国家的取景，上面甚至还能看到动物园、海底，甚至是国际空间站内部的状况。

单论对于互联网世界的改变，恐怕世界上没有一家公司的贡献能与谷歌媲美。拉里·佩奇低调地把自己埋进尘埃里，不断地给予土壤养分，最终滋养出了谷歌这棵参天大树。

如果你让拉里·佩奇用一句话总结如何改变世界，他只会淡淡地说一句：

**努力工作，
为那些真正激动人心的事物。**

公司亏得越多，

他赚得越多

JEFF BEZOS

地表最强商人
杰夫·贝索斯

THE BUSINESSMAN

"我变秃了，也变强了。"

这话简直是为杰夫·贝索斯（Jeff Bezos）量身打造的，因为他在 2020 年以 9800 亿人民币的财富蝉联世界首富，也是全球最大的电商平台亚马逊的创始人，而且是一个光头。

他通过"主动不盈利"的方式把公司越做越大，让网民在网购时享受到了"次日达"服务。

所以接下来要讲的，就是这个光头是如何用**亏即是赢**的逆反思维方式成为世界首富的故事。

贝索斯 1964 年出生在新墨西哥州，在他漫长的童年岁月里，外公一直是他的模仿对象。

贝索斯的外公劳伦斯·吉斯（Lawrence Gise）在二战期间是一名海军少校，退役后先后在华盛顿海军部以及美国原子能委员会工作，退休后在农场过上了放牧生活。就像我们小时候都会到爷爷奶奶家过暑假一样，贝索斯从 4 岁开始，每年的夏天都是在外公的农场里度过的。贝索斯跟着他外公学会了修水管、修风车、修栅栏等等各种东西，甚至连推土机都会修。

由于吉斯外公年轻时的梦想是成为一名物理学家或宇航员，所以他没事儿就和贝索斯讲一些火箭、导弹以及神秘太空探索的事。

贝索斯可不是听听就算了，他对太空探索是真心喜欢。在图书馆里，他最喜欢看的就是阿西莫夫

© James Duncan Davidson

/*
哎呀选错图了，选了一张还有点头发的照片。

和海因莱恩的科幻小说。他还是一个狂热的《星际迷航》粉丝，他的狗卡马拉（Kamala）的名字就来自《星际迷航》。他希望长大之后进入太空，但不是为了当宇航员，而是想要实现太空殖民。

这是一个充满幻想和野心的志向。

虽然贝索斯大学时对航天仍然充满兴趣，但他在修过量子力学的课程后，认识到有些人的大脑构造可能和他的不一样，他永远不可能成为最优秀的物理学家，所以他转移了目标，最终从电气工程与计算机科学专业毕业。

嗯，有野心，又懂得取舍。

贝索斯来到华尔街的萧氏公司（D.E.Shaw&Co.）工作。这是一家定量对冲基金公司。对冲基金简单来讲就是帮助客户同时进行两种投资，一种效益高但容易亏损，一种效益低但稳赚不赔，想办法让客户利益最大化。

对冲基金这活儿，得是非常聪明的精英人士才做得来，一般人真的整不明白。

而贝索斯似乎天生就是干这块的料。

他在小学的时候就设计过一张给六年级教师打分用的问卷，这个问卷的评分重点是"教师的教学质量"，而不是"教师的人气"。这可能就是基金经理需要的评估能力吧。

做了几年基金之后，贝索斯和他的老板戴维盯上了当年的新兴产业——互联网。1994 年，贝索斯发现互联网的用户量自浏览器出现后，便开始以每年 2300% 的速度增长，这个数据令他萌生了在互联网领域创业的想法。

在那个消费旺盛的年代，想要赚钱，就要卖东西，于是他想，为什么不把现实中的商店开在网上？

最开始，他也没有一股脑要开个杂货网店，而是列了个清单，上面有 30 多种五花八门的用品，准备在这些物品里只挑出一样放到网上卖，因为他想先找一样最好卖的东西作为起点，打开广阔的网购市场。

最终，他在清单上面选择了图书。

贝索斯很擅长列出清单进行筛选。早年的贝索斯为了找到理想的女朋友，他甚至根据金融市场的交易流程图，制作了一个"交女友流程图"。里面详细列出了自己找女朋友的标准。搞笑的是其中有一项是这个女人必须聪明，并且聪明到可以将他从第三世界国家的监狱里弄出来……

因为美国的出版社数量众多，书籍市场非常非常庞大，美国人每年在图书上面的花费也相对较高，可以说图书是一种刚需了。

由于图书是高度统一的商品，同一种书在所有书店都是一样的，不会存在货比三家的情况，所以贝索斯打算把价格压得很低很低，那么用户肯定是哪里便宜去哪买了。

想法似乎很完美，但贝索斯也有点拿不定主意，老板戴维想挽留他，并认为这种事应该是没有工作的人去做的。为此，他们两个在纽约中央公园聊了两个小时。

不过后来贝索斯想通了。"当我 80 岁的时候，不会因为离开华尔街而后悔，但我一定会因为没有抓住互联网这个机会去尝试而后悔。"这被他称为

"遗憾最小化框架"。

就这样，贝索斯辞了职，找了两个程序员，在一间车库里正式成立了自己的公司。

对，又是三个人创业，而且"又双叒叕"是车库，稍微熟悉互联网历史的朋友可能觉得这又是一段典型的硅谷创业发家史了。然而，贝索斯并没有选择硅谷，而是选择了另一个年轻且充满无限可能的城市——西雅图。

开公司怎么着也要取个名吧。贝索斯开始翻字典，在 A 的时候看到了 Amazon（亚马逊），贝索斯一想：亚马逊？这不是世界上最长的河流吗？我也希望我的书店能够成为世界上最大的书店，这名字寓意好啊！

于是 1995 年 7 月，亚马逊网站正式开张。

虽说美国是个发达国家吧，不过这时大家也从来没在网上买过书，别说书了，连在网上买东西的经历都不太有。

那怎么吸引第一波用户呢？其实前面也讲过了——让亚马逊的书巨便宜。

贝索斯把书的价格定得真的很低，很多时候都

是半价，做起了真赔本买卖。于是很快有顾客开始光顾亚马逊，买的人越多，亚马逊亏损得越多。而且在当时看来，这种亏损情况在未来的十几年还会持续。

很多人觉得亏损不是件好事儿，但贝索斯却

以持续亏损为目标。

这里也要多讲一下贝索斯与众不同的长线思维。

华尔街的游戏规则是注重公司的净利润，但贝索斯反其道而行之，他从不关注公司的利润，而是关注公司手里还有多少能用的钱（现金流）。只要公司有足够的钱，他就能去扩大市场规模、建仓库、开发国际市场，或者进军新领域业务，只要能做大做强，后面有的是机会赚钱。

总结起来就是：**"我不要利润，我只要增长。"**

与其说亚马逊在亏钱，不如说它是在花钱买用户，给自己打广告罢了。几十年后的今天，狂发红包的外卖平台和电商平台，也都是这种玩法，贝索斯可以说是

互联网烧钱玩法的开拓者。

用户可以买到，那买到之后怎么留下来？怎么让他们复购？

贝索斯的答案是——顾客至上。

贝索斯认为买了一本书看的人，一定会想看更多的书，于是他们整了个特色项目叫做 Bookmatch，简单来讲就是当顾客对几十本书评论过后，系统就会根据他们的爱好推荐一些书籍。

但，大部分用户都懒得去给书写评论，于是，贝索斯说那就别让顾客写评论了，直接看顾客买了什么书，然后给顾客推荐相似的书就完事了。这个项目在当时叫做"同质"。

是不是很熟悉？就和咱们现在逛电商网站总有相关推荐一样，我们更熟悉的叫法是"猜你喜欢"，本质上都是一回事儿。这模式，亚马逊在二十多年前就这么玩儿了。

贝索斯还给亚马逊的后台整了个**库存跟踪系统**，比如顾客买的这本书预计三天能送到，系统却说五天才送到，实际上快递三天就到了。

这么设计的原因是会给顾客一种惊喜，顾客会觉得"我去！这么快就到了？"这会给顾客一种亚马逊的快递服务比预想中要快的错觉。

用户体验虽然上去了，但贝索斯还是觉得用户增长速度不够快。

于是，贝索斯搞了一个叫做**亚马逊联盟**的销售合作模式，任何用亚马逊的用户，如果觉得亚马逊好用，就可以推荐其他人到亚马逊来购书，亚马逊会为这些推荐行为支付 8% 的佣金。想想现在铺天盖地的淘宝客和拼多多链接，你就明白当年这个功能的效果有多恐怖了。

同时，为了顾客能尽快下单，界面设计师哈特曼设计了一个系统，为亚马逊整了个**"一键下单"**

/*
"猜你喜欢"是平台根据你最近浏览的信息把你可能会感兴趣的内容推荐给你的一种算法，比商场里的导购聪明多了，就是时间长了，钱包受不了。

的专利。只要用户曾经在亚马逊买过书，这个顾客再来亚马逊的时候，只要按一个按钮，就会自动完成地址输入和付款的过程。

没错，咱们今天电商平台上那个让人疯狂剁手的"立即购买"，根儿在这呢……

别看这只是一个非常细小的功能，这给亚马逊一下增加了数百万美元的收入，与此同时，也为公司筑起了堡垒，以抵御对手的入侵。申请专利后，在2000年，亚马逊把这个专利授权给了苹果公司，他们觉得这样可以给竞争对手，也就是易贝（eBay）施加压力。

在贝索斯的"阴谋诡计"下，一切都走上了正轨。看到亚马逊的崛起，别的书店也开始陆续创立网上书店，却没有一家能干过它。

到1998年，亚马逊网上已经有超过40万册的畅销书在打折出售了，用户累计到了650万。

但，亚马逊到此时仍然只是一家"书店"，从小立志要上太空的贝索斯，怎么可能止步于卖书呢？他想要的是一家大型"百货商店"。

他想让亚马逊更加疯狂地快速扩张。

于是同样在1998年，亚马逊新增了音乐和DVD销售。DVD和音乐啥的销量还不错，因为它们的特点和图书差不多，购买图书的人也很容易复购音乐和DVD这种文化产品。

不断砸钱扩张的同时也不断地亏损，到了千禧

© Rick Turoczy

/*
一键下单，这个操作，让多少人来不及控制自己的手。

之年，亚马逊已经亏损超过 10 亿美元。

亏损这么多竟然还有人给他投资？还真有，

讲故事拉投资是贝索斯的看家本领。

从 1997 年亚马逊上市开始，贝索斯每年都会给投资人写一封"安抚"信，几十年如一日地向投资人灌输一个概念："现在亏钱不要紧，我们要一切以长期价值为中心"。

当然，光靠画饼是不够的，贝索斯对投资人做的每一个承诺，他都一一做到了。亚马逊一直按照贝索斯的规划逐渐壮大，顾客的订单数量也在那里摆着，所以投资人当然选择相信他。

2000 年，美国互联网泡沫被戳破，亚马逊也直接进入了至暗时刻。高管离职，华尔街减持，亚马逊股价下跌超过80%。为了给投资人继续投资的信心，贝索斯第一次承诺公司要开始盈利。

亚马逊在此时开展了一项能盈利的新业务：利用自己网站上的技术、功能、运营经验等这些不需要额外成本的无形资产，为其他公司建立和运营网站，从一家电商公司变成了为其他公司搭建电商平台的服务商。说白了就是抽空干点私活补贴主业；同时搭配"改善毛利率""降低运营费用""缩减营销费用"等一系列保命操作。终于，在 2002 年初，亚马逊对外公布自己迎来了第一个盈利的季度，挺不容易的。

这是一个非常诱人的信号：只要亚马逊想开始盈利，马上就可以！

亚马逊靠这波操作熬过了互联网寒冬，紧接着，贝索斯又继续疯狂地花钱做长线投资。

亚马逊在 2002 年 1 月推出了一个叫做**"超级免费送货服务（Free Super Saving Shipping）"**的东西，只要你的商品价格超过了 99 美元，就能免费送货，后来这个价格门槛一直降低到了 25 美元。

然后在十多年后演变成了咱的

九块九包邮。

这项服务也给亚马逊后来推出的收费会员 **Amazon Prime** 奠定了基础。在 2005 年，Amazon Prime 会员服务正式推出，售价为一年 79 美元，用户成为会员后可以享受购买的商品在全美国任何一个位置都能两天内送达的服务。在 2019 年，两天内送达变成了一天内送达。

这不就是咱们现在的年费会员吗？嗯，外加"次日达"服务，这不是什么新鲜东西了。

随着亚马逊上商品的销量越来越多，亚马逊开始不断地扩建仓库和雇佣员工。为了更好地提高效率，亚马逊会在仓库安装监测装置，实时监测员工的工作进度，例如打包一件货物需要多长时间，有没有太慢或者不合乎常理。

再后来，亚马逊干脆给仓库搞了 20 万个机器人来管理货物。

咱们国内现在也特别流行机器人管理仓库，但亚马逊更早一点。

到了 2010 年代，互联网时代的真正到来带动了一系列云服务的发展，互联网商务出身的亚马逊当然不会放过这一机会。亚马逊推出了自家的云服务 Amazon Web Services，简称 AWS，这是世界上最成功的云服务之一，但是在国内不咋流行，因为国内的 **BAT** 后来

/*
B 指百度，A 指阿里巴巴，T 指腾讯。

也开始做云服务了。

另外，亚马逊在 2014 年推出了智能音箱和语音助手 Alexa。这个也不用多说了，最近几年国内也有各种各样的智能音箱推出，只不过亚马逊玩这玩意儿还是要早一点。

回顾亚马逊的发展进程，我们会发现，**它好像总是比其他平台更快一步，动不动就开辟一种新模式。**

比如，亚马逊在 2007 年推出改变人类读书习惯的产品——Kindle 电子阅读器。第一代 Kindle 售价只有 9.99 美元，发售五个半小时就被抢没了。

这玩意儿出现在阅读领域就如同 iPhone 出现在智能手机领域，直到现在 Kindle 依然是人们购买电子阅读器的首选。如果书是人类进步的阶梯的话，那么 Kindle 就是

/*
"泡面神器" Kindle

人类进步的电梯了。

贝索斯通过这些跳跃性的行业布局，搞得公司市值越来越高，自己也就变成了世界首富。

那，有钱了该干吗呢？

拍电视剧。

是的，就是字面意义上的电视剧，亚马逊现在已经有了自己的流媒体平台 Prime Video。这个平台和著名的 Netflix（网飞）差不多，除了播放一些电影和电视剧之外，也会自制一些电视节目。

但是这个不是最跩的。有时候一些美剧因为收视率不好或者拍摄成本太高会被电视台砍掉，但是贝索斯很喜欢看，怎么办呢？

当然是动用"钞能力"啦！贝索斯会把这些电视剧买下来，纳入到自家的 Prime Video，并继续拍摄后面的剧集。

还有一个很经典的接盘侠故事。全球著名的汽车类真人秀节目《疯狂汽车秀》（*TopGear*）一直是英国 BBC 广播电台的看家节目，三位主持人在英国被亲切地称呼为"三贱客"。在一次和制片人的争执中，"三贱客"离开了 BBC，随后和亚马逊签了合同，并拍摄了一款成本比财大气粗的 BBC 还要高的汽车节目《伟大的旅程》（*The Grand Tour*）。

都说穷玩车富玩表，贝索斯有钱后也将这句老话贯彻到底了——他造了个"万年钟"。

万年钟是个啥呢？它确实是个钟，但是它非常巨大，被放在一座挖空的山里。

万年钟的秒针表示年，每年走一格，指针表示世纪，每 100 年走一格，而负责报时的布谷鸟每 1000 年才会出来一次。这个万年钟高 500 英尺，全机械构成，由地球的热循环提供动力，现在还在建设中，建成后会对游客开放。

有钱人的生活就是这么朴实无华且枯燥。

接着，贝索斯的太空梦就差不多可以安排上了。2019 年，

/*
看这两年贝索斯的进度，他的计划可能要被马斯克先一步实现了。

贝索斯发布了月球着陆器蓝月亮（Blue Moon）模型，这东西在五年后应该就能载人去月球了。这个登月飞船不见得能实现贝索斯幼年的星际殖民计划，但不得不说是跨进了一大步。几十年过去了，他并没有忘记自己的童年愿望，虽然看起来绕了一个大圈，却仍然在向它靠近。

　　同样的，如今亚马逊市值越来越高，利润却还是只有那么一丁点，但是贝索斯沉得住气：公司亏损就让它亏吧，

我要放长线，钓大鱼。

咱们已经讲了那么多互联网的知名大人物，下面要给大家介绍的人物和之前的完全不同，因为他**属于互联网的另一面。**

他在 15 岁时便开始随意进出美国国家安全局（NSA）系统，黑进了全球各大公司的系统，苹果、摩托罗拉、诺基亚……叫得上名号的世界大公司都被他入侵过。作为世界上第一个以黑客身份被全球通缉的人，他和美国联邦调查局（FBI）玩了六年的猫鼠游戏后被捕，出狱后却转身成为 FBI 的网络安全顾问。

1983 年，以他的故事为原型的好莱坞电影《战争游戏》（*War Games*）在美国上映，电影中的少年黑客将美国军方玩得团团转，还差点引发了第三次世界大战。同时，这部电影也开了黑客电影的先河。

这个在黑客圈赫赫有名的大佬叫凯文·米特尼克（Kevin Mitnick），现在被公认为

世界头号黑客。

听上去来头不小，但是这个世界第一黑客的出身却十分平凡。

凯文于 1963 年出生在美国洛杉矶一个普通的家庭。父母在他 3 岁的时候就离异了，跟着母亲生活的他性格也变得十分孤僻，而且在漫长的童年生活里，很长时间都没有人对他进行管教。

/*
在技术上可能他不是最厉害的，但他可能是最能折腾的了。

1976 年，当 13 岁的他接触到计算机和网络之后，整个人都被迷住了，计算机的语言与逻辑就好像携带在他的基因里似的，编程对他来讲轻而易举。和现在很多的网瘾少年一样，凯文在这里感受到了现实世界里没有的归属感。

他在上学的时候就开始利用计算机搞一些骚操作。比如老师布置的作业，大家都是回家自个儿写自个儿的，可他觉得这么做也太无聊了吧？拥有奇怪脑回路的他通过写代码破解了老师的电脑密码，把作业答案盗了出来。

有次他在学校的网站上看到了一个经常欺负他的家伙的档案，他想把这个人的另一面展现给大家，于是他侵入网站系统，把这个人的资料改成类似"有暴力倾向、性情暴躁"之类的描述。后来，学校查出这是凯文搞的鬼后，把他开除了。

如果这样就能切断凯文和计算机的连接，那还能叫热爱吗？

他通过打工赚钱，有了一台属于自己的电脑，又开始肆无忌惮地搞事情。当时美国已经有不少社区电脑网络，而凯文发现自家所在的网络居然和政府是相通的，于是他有了一个大胆的想法：

破解美国高级军事密码。

经过了两个月不眠不休的研究，还真被他找到了北美空中防务指挥部系统的后门。他大摇大摆地闯了进去，把美国指向苏联的所有核弹头的数据看了个遍！

关键是，他还全身而退了。

当时这件事就炸了，毕竟对军方来说这是一大丑闻，官方也一直都没肯出面给个说法。

至于这事儿对美国来说有多严重，后来有个军事专家给出了解释："如果当时米特尼克将这些情报卖给克格勃，那么他至少可以得到 50 万美元的酬金。而美国则需花费数十亿美元来重新部署。"

虽然凯文当时的手头挺拮据的，但是他看完这些机密的信息后，第一个想到的不是从中捞取好处，而是赶紧去跟自己的伙伴吹牛▇。

经此一役，凯文彻底玩嗨了，开始到处攻击各种系统。他闲暇时买来一本杂志，里面有一个手机制造商排名，他就从排名第一的手机制造商开始逐个入侵，像诺基亚、摩托罗拉之类的大品牌无一幸免。

但是，再浪的黑客也有被制裁的一天。

凯文 17 岁的时候被送进了少管所。他当时闯入了太平洋电话公司的系统，修改了上万个洛杉矶家庭的电话号码，导致整个城市的通信系统产生了混乱。不过由于年纪比较小，凯文只被意思意思地关了三个月就放出来了。

这也使他成为

全球第一个网络少年犯。

这个时候美国警方还没有意识到事情的严重性。

凯文出狱后反而变得更狂了，原来才关了我三个月，就这？

于是凯文"顺理成章"地第二次入狱了，而且这次要严重得多，因为他入侵了五角大楼。

1983 年的一天，他在五角大楼的电脑系统里面转了一圈，发现 FBI 的人正在追踪一个罪犯，结果把卷宗看了一遍后发现，原来这个人叫做 Kevin David Mitnick。

他当时就笑喷了，这不就是我吗！

于是，他就每天潜入 FBI 的系统里来看看他们的案件进展。

结果没多久就被抓了。不过，这次他很快就被保释了出来。

到了 1988 年，凯文第三次被捕入狱。他受到的控告是，他在 1980 年闯入一家公司的电脑系统，并给他们造成了 400 万美元的损失。八年过去了，估计凯文都忘了这茬了，警方还是判定凯文有罪并将他扔进了监狱。

法院只判了一年，FBI 觉得这种人不能放回社会，于是在凯文出狱后，他们玩起了自己的老套路：

钓鱼执法。

FBI 先是收买了凯文的一个朋友诱骗凯文攻击某个网站，然后提前布好圈套等着抓他。

凯文好歹也是世界头号黑客，会这么经不起诱惑吗？

是的，他上钩了。

等到警察上门抓捕他时，没想到凯文搞了个大胆的操作：他甩出一句"爷烦了"，然后直接逃跑，开始了逃亡生涯！

就这样，凯文登上了警方的通缉令。

故事到了这里，他亦敌亦友的对手出现了——

/*
差评君还是第一次见到美国版的通缉令长这个样……

下村勉。

当时下村勉已经号称是计算机开拓者、全美第一电脑专家，作为全球第一黑客的凯文自然想要去挑战一下，一试高低。

这相当于什么？这差不多就是电影里的天才主角无所不能，正在外面浪的时候，他的身后有一个人出现，阴影让观众看不清他的脸，但是十足的压迫力能够让观众明白：

主角要挨揍了。

事情是这样的。下村勉在明处想办法抓暗处的凯文，而凯文则在暗处率先发动攻击——他先下手为强，把下村勉家里的电脑给黑了，还留下一句嘲讽的话。

在下村勉追查的过程中，顺便又发了个邮件嘲讽起来："爸爸的技术天下第一，你想抓我，简直是白日做梦！"

不过下村勉也是身经百战了，这对于他来说不算什么。他仍然不断地在网络上仔细搜寻凯文的作案痕迹，而且还使用了一种特殊的操作方式让自己的跟踪"电子隐形化"。

而凯文呢，他早就料到了这家伙会来寻找自己的踪迹，所以给下村勉准备了不少圈套。有次，凯文混进大学，伪造了一个 ID 在聊天，不料，下村勉在网上截获了他的聊天信息。当下村勉终于觉得就

/*
下村勉，1964 年出生于日本。人家老爸是诺贝尔化学奖得主。

要找到凯文的位置时，警觉的凯文已经发现自己被监控了，他在聊天框中打出"嘿，是有人在监视我吗"，然后迅速下线，只留下下村勉一个人在风中凌乱。

这一追就是六年时间。两个人你来我往，凯文总是能在危急时刻逃掉，而下村勉也总是差那么一步就查出凯文藏匿的位置，就像是猫鼠游戏一样，两个人可以说是完美复刻了

" Catch me if you can."
（你行你来抓我呀。）

在凯文逃亡的过程中，他还曾向圣迭戈超级计算机中心发动过一次攻击，差一点毁灭了全球的互联网。

然而电影都是有转折和结尾的，现实生活有时同样如此。终于在 1995 年，下村勉再次发现了凯文的藏身之处。

而凯文其实早就找到了一份工作，每天掩饰自己的身份去上班，去做一个"普通市民凯文"。

在一个稀松平常的日子里，当凯文像往常一样掩盖自己是头号黑客的身份出门上班后，警方根据下村勉提供的线索立刻进入他的家，而所有的证据，就在他家里的那台电脑上。

等凯文下班后看到了家中的情景，他立刻意识到，自己玩完了。

凯文接下来咋办？认栽呗。他的放浪生活终于结束了，只能进监狱蹲着了。

凯文在法庭上第一次见到下村时说的话是："你好呀，下村，我很钦佩你的技术。"下村勉听后只是微微点了点头，

然后顺手把这个抓捕过程写成了一本书（右图）。

书里凯文入狱这一段并没有那么沉重，反而充满了戏剧性。

凯文一被抓捕就被关押了起来等待审判，结果这一等就是半年。

这并不是法院故意这么做的，因为凯文的案件实在是太特殊了，他们太缺少"黑客"案件的审判经验了。

凯文被捕的消息传开后，全世界的黑客给他求情，甚至不断攻击各大网站来作为要挟。1997 年 12 月，凯文的支持者们宣称，凡是在一个月内使用过 YAHOO（雅虎）的电脑都被植入了病毒，这个病毒将于 1998 年圣诞节启动，如果不想让全世界的电脑瘫痪，就放了凯文！

整个互联网因凯文的入狱陷入了恐慌之中。

他们还建立了一个叫做"释放凯文"的网站，要求法院给凯文一个"公正的判决"。

那不管犯了什么事儿，你总得审一下吧？

等到总算要开始庭审了，那不得给人家找个律师吗？

那个年代的律师已经开始携带电脑出庭了，因为这样确实方便他们记录和查找资料，但是法官不允许凯文的律师使用电脑。法官说了，这小子会操控电脑，想要用电脑也可以，必须把电脑的光驱给拆了。

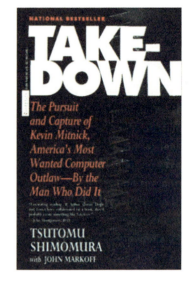

/*
《纪实：追捕美国头号电脑通缉犯凯文·米特尼克——由追捕者自述》，里面的追逐细节比"007"还要精彩。

/*
能让全球的黑客做出这种事来，足以见得凯文的江湖地位了。

在法官眼里，凯文像是一个有超能力的人，甚至可以操控电脑引爆核弹……

前后累计共有 48 项指控，凯文终于入狱服刑了。

"黑客"这个词大家已经都不陌生了，它最经常出现在影视剧里面，属于**"经常听到但是离现实生活很远"**的一个物种。就算在现实生活中听到了，多半也是出现在负面新闻里。对于大多数普通人来说，黑客拥有高超的计算机与网络技术，但是只会破坏社会秩序，在网络上捞财，让所有人感到害怕。

不过，这是人们的一个刻板印象，其实这类人现在可以细分成

黑客、白客和红客

三种。

一般狭义的黑客就是最初凯文这种，为了自己的不正当目的入侵一个大公司或者系统的后台，要是按照现在的法律法规，妥妥的律师函警告，或者直接"进去"了。

比如在 2020 年 5 月，乌克兰特勤局就宣布逮捕了一名黑客，因为这名黑客已经在论坛和 Telegram（一款即时通信软件）上出售了数十亿个被黑用户的信息。

也有不少黑客并没有什么恶意目的，只是喜欢自己改造硬件和把软件个性化等等，经常能对开源软件产生一些影响，从而推动软件技术的发展。最近几年全国各地也都在举办各种各样的黑客马拉松，这样不仅可以聚集各地的优秀黑客，还能够促进软件技术的开发。

"白客"一看就是"黑客"的反义词。他们和黑客一样

拥有高超的网络技术，是计算机黑客或计算机安全专家，专门从事渗透测试并确保信息系统安全。他们又被称为"网络守护神"。

红客则是一个比较特殊的群体，他们出于国家政治安全的目的守护本国的网络，或对外部势力进行还击，是世界黑客圈中特殊的带有政治色彩的群体。

这些称呼、分类是最近几年才逐渐形成的，像凯文那个八九十年代怎么可能分这么细，你是黑客，那么你就是坏人，没得洗。

2000 年，凯文被假释出狱。两年后，他被批准可以使用电子设备，生活终于回到了正轨。但是该做点什么呢？

重操旧业是不可能了，但身上的本事只有这些了啊。既然网络安全一直是个问题，凯文就决定用一技之长开一家网络安全咨询公司，转型成白客。公司的业务也很明确：

帮你找漏洞。

他的公司员工和订单来得都很快。能来凯文手下干活的人都血赚不亏；订单就不用说了，曾经的黑客大师都来给你排查安全问题了，肯定能帮你把信息安全这方面安排得明明白白的。

钱当然也来得很快，一次咨询费用数百万美元。

还有一点变化也很重要，凯文成立了自己的公司之后，他和团队再进去一些公司或者机构的系统，就变成了一件合法的事情。毕竟现在变成了雇佣关系，我花钱请你正大光明做测试，你也得找出漏洞帮我提升安全等级。

金盆洗手后的凯文，现在到各地做计算机知识科普的讲座，同时还出了两本科普书，俨然一副"平平淡淡才是真"的工作方式。

对于现在的智能操作系统，凯文在被问到如何让自己的信息不泄露时，他只给出了一个建议：

请把系统做得足够安全。

他还说，到了智能手机时代，根本就不需要什么高超的手段就能够黑进系统或者个人电子设备。

凯文有一次和其他人坐电梯，他前面站着一个挺有名的安全研究员，这个人在电梯里正大光明地举起手机输入了密码，结果凯文站在他后面看了个一清二楚。

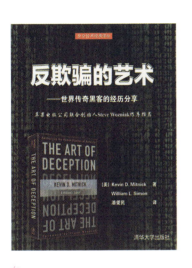

/*
差评君咋感觉书名应该是《欺骗的艺术》呢……

你看，他什么都没做就知道了这个人的手机密码。

后面说了这么多，差评君没有想给凯文洗白的意思，人家已经自己给自己洗白了。

差评君唯一关心的是，看到凯文现在这样，不知道当年给他求情的那些黑客是什么心情呢。

两耳不闻窗外事，

一心只做技术宅

终极极客

安迪·鲁宾

THE GEEKER

"极客"是英文"Geek"的中译词，差评君非常喜欢这个中文翻译，不仅同音，还非常精准。因为这个词所代表的人，真的是在技术上做到极致的人。

这个词，就像是为安迪·鲁宾量身定做的。

鲁宾是安卓系统的缔造者，亦是**苹果公司的噩梦、乔布斯的宿敌。**

先说两嘴苹果。

iPhone 作为 21 世纪的十大发明之一，在鼎盛时期几乎成了时尚和科技的双重代名词，"成功人士"的标配。

然而，大众似乎始终在忽略安卓的正当性，总觉得它是一个来路不正，靠山寨苹果起家的手机操作系统。我们不甚了解安卓系统的来历，也很少有人去提及安迪·鲁宾。

但你知道吗，在 2019 年，安卓手机系统占据了 87% 的智能手机市场份额，iPhone 的 iOS 只占不足 13%。而"安卓之父"安迪·鲁宾，也在过去几十年间做出了许多超越时代的硬件产品，直接给我们的智能生活按下了加速键。

和处在神坛的乔布斯相比，安迪·鲁宾只是一个**"两耳不闻窗外事，一心只做技术宅"**的极客。

浑身浸透着极客细胞的安迪·鲁宾，对商业和赚钱一窍不通，却对机器人有着发自灵魂的热爱。他为自己最伟大的成就——安卓系统取名 Android，

/*
看这发型，就知道肯定是个大佬啦。

VILLIERS DE L'ISLE-ADAM

THE FUTURE EVE

/*
科幻小说《未来夏娃》，是安卓系统得名之源，《攻壳机动队》也是以这本书为原本创作的。

这个名字起源于法国作家维里耶德利尔·亚当在1886 年出版的科幻小说《未来夏娃》，小说里一个女机器人的名字便叫做 Android。

当然，像这样的科技领域愣头青并不是一出生就这样的，而是有一个硬核的爹指路。

他老爹本来是一个心理学家，却对硬件产品有着浓厚的兴趣，于是辞掉了工作，自己开了一家电子产品直销公司，通过信用卡账单上的广告位来推销自家产品，有点像是现在的贴片广告。

在这样的背景下，鲁宾当然是近水楼台，从小他的房间里就堆满了那个年代最新的电子玩具。他有事没事就摆弄他老爸的新产品，拆了装、装了拆，用零件组装一个机器车，然后给它编程啥的，久而久之就对机器人产生了很浓厚的兴趣。

大学毕业后，兴趣使然的他进入了著名的光学产品制造商卡尔·蔡司（Carl Zeiss A.G.）公司，担任机器人工程师。

他的工作主要是处理制造行业网络和测量器械网络方面的数字通信，简单来说，就好比汽车制造业流水线上有一个机械臂，怎么样让这个机械臂根据人们的需求来进行操作，该怎么拧螺丝、扣牙盘，是需要编程的，鲁宾干的就是这种事儿，还开开心心地干了三年。

就这样，时间来到了 1989 年，一次巧遇为鲁宾打开了一扇通往极客圣殿的大门。

这年夏天，他像往常一样来到开曼群岛度假。这是一处英国在西加勒比群岛的海外属地，不仅是"避税天堂"，还是著名的潜水胜地，有些名望的硅谷大佬都喜欢来这边度假。

这天天刚蒙蒙亮，鲁宾在海滩上跑步时，居然捡到了一个野生的失恋者。这人和女朋友吵架被赶了出来，只能睡在海滩边的长椅上。

安迪出于同情，为他安排了住处。

后来他发现这个和女朋友吵架被赶出家门的人，居然是正处在第一个全盛时期的苹果公司的一名"工程狮"！两人相谈甚欢，他很愿意给鲁宾提供一个在苹果公司工作的机会。

那个时期的苹果公司基本上是由技术人员掌控的。

上面这句话，你基本上可以理解成公司没有管理。

在这样的氛围下，安迪还真是如鱼得水，做出了历史上第一个软 Modem。

/*
Modem 即调制解调器，家里俗称为"猫"。因为电脑使用的是数字信号，而猫的功能就是将电脑的数字信号翻译成可沿电话线传输的模拟信号，这个过程就是调制，反过来就是解调。之前上网都要用猫的，现在改光纤了。路由器的主要作用就是把网络连接共享给多个设备，比如家里有三个人需要用手机上网，但有人想刷微博，有人要用微信，还有人要打游戏，每个人需要的数据是不一样的，路由器在这时就能分配数据到每个需要的设备上。一句话总结：你家里的电脑要上网就得有猫；要是想多台电脑上网，就得有路由器。

工作之余，精力旺盛的鲁宾还会搞一些硬核的恶作剧。他曾经黑掉过苹果公司内的电话系统，伪装成当时苹果的 CEO 给人事部门打电话，要求分给自己和部门的同事一些苹果的股份。

当然，这个西洋镜最后被戳穿了。

到了 1990 年，苹果公司鼓励创新，几个有想法的年轻人把公司里的一个部门独立出来，将移动端的通信设备作为课题，建立了子公司 General Magic。

　　General Magic 小组里个个都是人才，说话也好听，这里不仅诞生了后来推特的首席技术官，还有易贝的工程部门副总裁、谷歌语音识别的项目负责人，甚至有黑莓 & 三星的副总监。

　　简直是一个卧虎藏龙的公司了。

　　鲁宾很快就和他们打成一片。一群技术宅能在一起研究技术，对于极客来说简直不能再棒了。他们在公司搭了个小帐篷，几乎 24 小时吃住在办公室，没多久，就开发了在当时极具突破性的、基于互联网的操作系统——Magic Cap。这是一款智能手机操作系统。

　　虽然发布时 General Magic 的股票疯涨，但最后，由于产品太超前了，运营商的支持完全跟不上，很快被市场判了死刑。

　　后来，General Magic 中的几个年轻人又提出了一个新的方向，同样也拉了鲁宾入伙，成立了 Artemis Research 来研究互联网电视 WebTV。

　　在 20 世纪 90 年代，这帮天才就已经靠着互联网电视盈利了，年收入超过了一亿美元。然而树大招风，当时的微软瞄上了这块肥肉，二话不说就把 Artemis Research 给收购了，并把 WebTV 改名为 MSN TV。

　　鲁宾也跟随着这次收购，顺理成章地加入了心仪已久的微软超级机器人项目。

© Josh Carter

© Keyster

/*
上图为搭载了 Magic Cap 的索尼掌上电脑。靠着先进的交互理念和图形化的菜单在当时看起来相当酷炫，对比一下同时代的产品 BP 机的操作界面就能直观感受到了。

刚来到微软，爱秀技的他又搞事情了。

还记得之前他侵占苹果公司内网电话的事吗？来到微软之后，鲁宾搞出了一个会自己走路的机器人，上面装有摄像头和麦克风，整天有事没事就在微软公司里晃悠。

平时同事们看见了倒也没啥，就是觉得新鲜好玩，但是某个周末，微软的安全部门发现，控制这个机器人的电脑居然被一个黑客入侵了。所幸的是，这个黑客并没有发现他入侵的电脑控制着一个移动的机器人，而且还带有摄像功能……这要是被黑客发现了，泄露了啥机密，微软真的是躺着也中枪。

他的做法激怒了微软的安全小组，他们勒令鲁宾停用这个机器人。

这样的禁令就好像没收了一个孩子的玩具一般。可是，

上帝啊，
鲁宾是真的很喜欢机器人。

既然在公司不让搞，那就在自己家弄呗。

鲁宾为了进门不用伸手掏钥匙，自己在家里整了一套视网膜扫描的门禁。在无人机还没有普及的时候，他就已经自己搭了一架小型直升机，想要啥功能直接自己编程写进操控程序，像极了玩具发展到最后的终极形态。

1999 年鲁宾离开微软，但没有放弃他的机器人事业。他创办了一家叫做"Danger"的公司，名字来源于电视剧《迷失太空》中的一个经常发出"Danger（危险）！"信号的机器人。

在这里，鲁宾从一个极客的身份，转向了管理者，他带

着团队想要研制一台能链接网络的数码相机。他的设想是，这个设备可随身取出来拍照，然后直接将拍好的照片上传到网上搜索相关内容。

要知道在诺基亚功能机都还没有普及的年代，这样的脑洞几乎是天方夜谭。

厉害的是，Danger 还真把这个玩意儿给做了出来。为了迎合投资人，他们还在上面加上了实体键盘、通信组件，并给它取名为 Sidekick。

这期间发生了一个小故事，鲁宾有次被邀请去斯坦福大学演讲，恰巧谷歌的创始人拉里·佩奇和谢尔盖·布林也在现场。他们对鲁宾的 Sidekick 产生了浓厚的兴趣，上手把玩之后发现，谷歌居然是 Sidekick 默认的搜索引擎。由此，谷歌的两位创始人有了开发谷歌手机和系统的想法，这也为后来谷歌收购安卓埋下了伏笔。

这款产品最大的优点在于它继承了上网、收发邮件、社交聊天、在线游戏等在那时看来不可思议的功能，此时 Sidekick 的发布可比 iPhone 要早整整五年。

这就叫

超越时代。

超越时代归超越时代，结局可不一定。在当时，鲁宾不知道如何用它赚钱，一筹莫展的鲁宾被投资人赶出了公司。

产品失败喜加一。

然后，鲁宾又跑到开曼群岛修炼去了。

这次鲁宾满脑子都是下一代智能手机形态的想法，他对手机即将给人们生活造成的改变进行了大胆的预测。他决定成立叫做安卓（Android）的公司，开发智能手机系统。这时是 2013 年，乔布斯带领苹果团队开发 iPhone 是在一年之后了。

他将所有的精力、财力都投入安卓的研发，经过两年的打磨，底层系统基本成型，鲁宾打算找一个合适的厂商注资或者收购，他首先把目光投向了三星。

在听完了鲁宾改变手机业的演讲之后，一位三星高管这样评说："谈未来？你手下只有 6 个人，你该不是喝高了吧？"

然后三星就去开发自己家的泰泽（Tizen）系统了。

在两周之后，鲁宾的安卓被谷歌以 5000 万美元的价格收购。

要知道，在智能手机之前，手机的系统都还是根据手机硬件来做调整的。翻盖、直板、滑盖、侧滑盖、全键盘，但凡是能用硬件设计来解决的事情就一定不会用软件。

这就导致了手机系统在很长一段时间内都没有什么大幅度提升，让新手机始终处于**"亮点全在硬件上"**的尴尬状态。

安卓的横空出世几乎颠覆了手机硬件和软件

/*
百花齐放的年代，诞生了各种奇形怪状的手机。

的地位。因为开源，厂商们可以不用支付任何费用，直接根据安卓的底层来开发自己想要的手机系统。后来小米的 MIUI、魅族的 Flyme、锤子的 Smartisan OS 等，都是基于安卓系统深度定制的优秀系统。

唯一的遗憾就是，安卓发布在 iPhone 之后。(￣￣)

2007 年 1 月 9 日，乔布斯手里拿着搭载 iOS 系统的 iPhone，告诉世人他们重新发明了手机。而鲁宾多花了 10 个月，才终于在 11 月 5 日向外界展示了这款与众不同的操作系统，并且宣布安卓系统完全开源。

结果就是 iPhone 出尽了风头，而安卓在一段时间内，被不少人认为是在山寨 iOS。

2008 年 9 月，谷歌发布 Android 1.0 系统（代号：发条机器人），HTC G1 有幸成为第一台搭载安卓系统的机型。

当年的 HTC 也凭借着安卓系统的这波红利，一度跻身于最炙手可热的手机品牌之列，能和三星、索尼等手机平起平坐。没过多久，三星放弃了自己研发的泰泽系统，也投身到安卓大军的阵营中。

2013 年，鲁宾退出了安卓部门，开始负责智能机器人的开发。随后谷歌开始斥资收购各种机器人公司，其中包括大家熟知的波士顿动力（Boston Dynamics），那个发布狗形机器人的公司。

果然机器人是真爱了。

这里说一个有意思的规律，安卓系统从 Android 1.5 开始，每更新一个版本都会用一款甜品来为系统命名，比如 Android 1.5——Cupcake（纸杯蛋糕），Android 2.3——Gingerbread（姜饼），Android 5.0——Lollipop（棒棒糖）等。不过这一传统在 2019 年 Android 10 发布时终止了。

/*
一定要去看这只大狗的视频，看看他到底能做什么。

>/
纸质书里不能插动图，气！

后来，鲁宾离开了谷歌，媒体上也鲜有关于他的报道。

如果要问安迪·鲁宾的下一站在哪儿，差评君猜大概率还是和机器人相关。

回顾安迪·鲁宾这几十年来，他完全沉浸在自己的极客世界中，不理外界的纷杂，只一心做自己感兴趣的事情。就像他在谷歌的同事对他的评价那样，

"他就是一个天生的独舞者，不断奔向心中所想，

无谓的人事皆不入眼"。

从蔡司、苹果到微软、谷歌，从 Magic Cap、WebTV、Sidekick 到安卓以及各种机器人，安迪·鲁宾一直在最酷的公司做着最酷的电子产品。

鲁宾把"极客"这个物种的特征演绎得淋漓尽致。

而至于为什么安迪·鲁宾能做出一个个超越时代的产品，或许，就像之前有人评价他说的那样：他就是为了实现一个童年的梦——

如果这个世界上没有足够酷的玩具，那么我就自己来制造。

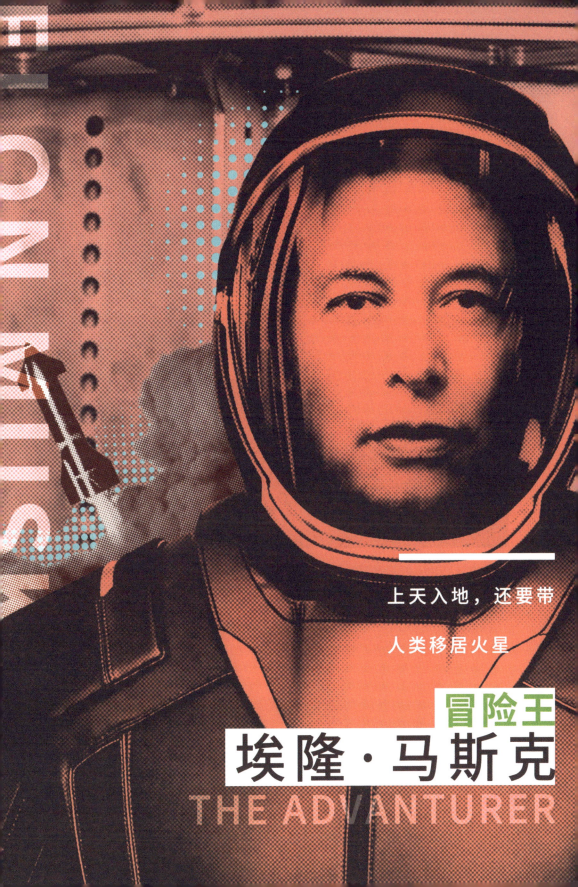

2018 年 2 月 6 日，对你来说可能是普通得不能再普通的一天。

但在美国的佛罗里达州，一枚名为"猎鹰"的火箭，在巨大的火光轰鸣声中，徐徐发射进太空之中。

这枚火箭，造价不菲，内部空间更是寸土寸金，但它却搭载着一辆特斯拉 Roadster（双座敞篷跑车）。跑车向着火星进发，车内的音箱循环播放着一首摇滚乐——大卫·鲍伊的《太空怪客》（*Space Oddity*）。

>|
科幻片中的场景在现实中发生了有没有！

在"Where is roadster"网站上可以看到它的实时位置，目前它正在以 13 公里每秒的速度在太空行驶。如果它没有撞上任何行星，它将数亿年都保持这个状态，向深邃的太空传播人类的声音。

如果不是因为埃隆·马斯克（Elon Musk），我们可能永生都难以看到如此极尽科技浪漫的真实场景。

埃隆·马斯克，1971 年出生在南非首都一个富裕的白人家庭中。他的父亲是工程师；母亲是个模

/ *

崇拜马斯克的人把他当神一样供着，讨厌他的人却骂他是骗子，你觉得呢？

特和营养学硕士，63 岁那年还全裸登上过时尚杂志；他的姥爷姥姥就更硬核了，是首次驾驶单引擎飞机从非洲飞到澳大利亚的私人飞行员，后来还没事就开着飞机带马斯克他们出去探险。

从马斯克的个性来看，父亲家族的高智商加上母亲家族的探险精神，似乎一开始就被写入了他的基因之中。

马斯克童年时代就展露出了和其他人不同的特质：他非常聪明，过目不忘，他的大脑就像计算机，能屏蔽外界干扰而进行深度思考，以至于他时常陷入呆滞，谁跟他说话他都不搭理。家人甚至以为他是耳聋，找医生切除了他的扁桃体，以此增强他的听力。

童年的马斯克，大脑就像一块大容量的硬盘，一天 24 小时都在往里写入知识。

在 13 岁那年，也就是 1984 年，马斯克独立编写了一款名为《炸弹》的游戏，赚到了 500 美元。虽然游戏不太复杂，但主题非常超前——一个摧毁太空舰队的计划。他进军太空的梦想也在这个时期开始爆发，他会和朋友一起自制炸药和火箭，并且幻想着殖民其他星球。

由于对科技和计算机的兴趣与日俱增，马斯克在 17 岁时决定以加拿大作为跳板，到美国硅谷发展。在拿到机票之后，他只身跳上了飞机，离开了家。

在加拿大的这段日子里，他靠着打零工赚钱，进入了皇后大学读书；在拿到奖学金后，又转到了美国的宾夕法尼亚大学。

毕业后，一开始马斯克想要投身游戏行业，他在硅谷一家名为"火箭科学游戏"的公司实习，可谓如鱼得水。但很快，他就发现游戏虽然好玩，但这一行搞破天，也对全人类没啥影响。

最后他得出结论：他未来得在**互联网、可再生资源、太空探索**这三个领域有所作为。

当时互联网还不发达，更没有大众点评这类城市生活服务平台，什么店的牛排好吃、哪里有洗衣房，基本上只能靠发传单和口口相传。如果能做出一个网站，当大家想找比萨店、干洗店时，可以通过在这个网站搜索到附近的店铺，得到地图，那岂不是可以极大地提高人们的生活质量？

于是在 1994 年，马斯克叫来了弟弟金巴尔，问老爸要了 2.8 万美元，租了个简陋的三层小楼，创办了 Zip2 公司。

依靠着这个**"点评网站＋地图导航"**的前卫想法，以及马斯克**"睡袋＋外卖"**的工作狂标配态度，Zip2 的影响力逐步扩大，进而成功拿到了一笔 300 万美元的投资。

虽然马斯克有想法、懂技术，但初次创业的他却不会管理团队，再加上他古怪、不近人情的性格，投资人不顾他的感受直接将他的职位从 CEO 变成了 CTO（首席技术官）。在这种情况下，他和董事会的矛盾越来越大。

1999 年 Zip2 被收购，作为创始人的马斯克分到 2200 万美元，赚到了人生第一桶金。拿到钱仅仅两个月之后，他就又把全部身家投进了一个新项目：**X.com**。

X.com 有点像支付宝的前身，作为一个网络银行，它只需要用户点击一下鼠标，就能帮助用户以自己的 E-mail 为账户，进行网络转账。

马斯克先和联邦存款保险公司进行合作，提供对银行账户的担保，解决人们对网上银行的信任问题。然后，通过"**注册就送 20 美元，邀请朋友再送 10 美元**"的方式吸引用户。大家很眼熟吧？

这种裂变式拉新的"病毒"营销后来被无数创业公司学到了。

这么一顿操作下来，公司在成立之初就获得了 20 万用户。

这个项目在今天这个移动支付普及的年代显得并不稀奇，但对于当时网购，以及做跨国生意的人群来说，就免除了每次转账都要跑银行柜台，再忍耐几天转账周期的烦恼，节省了大量的时间和人力成本。

眼看着公司的发展走上了正轨，没承想，半路又杀出了个程咬金——名叫麦克斯·列夫琴（Max Levchin）和彼得·蒂尔（Peter Thiel）的两个年轻人 1998 年同样在硅谷创办了 Confinity，此时正依托易贝发展得如日中天。

为了抢占市场，这两拨人展开了全方位的竞争。Confinity 背靠网购巨头易贝，每天要花 10 万美元吸引新用户。两家公司在短时间内撒了数千万美元，简直比做慈善还狠。等钱都快烧得差不多的时候这两拨人才回过神来：再这么下去钱不都被用户白薅了吗？于是，在马斯克的牵头下，两家公司合

并成一家，即 PayPal，马斯克也如愿以偿地当上了
CEO。

　　然而，由于产品缺乏抵抗网络诈骗的能力，公
司接连亏损，马斯克的决策能力再次受到质疑。同
样的悲剧再一次发生在马斯克的身上：

　　2000 年 9 月，公司董事会趁着马斯克前往悉尼
度蜜月时，罢免了马斯克 CEO 的职务。

　　两次从 CEO 的位置上被人搞下来，求马斯克的
心理阴影面积有多大……

　　两年后，支付方式已经离不开 PayPal 的易贝，
提出以 15 亿美元的价格收购 PayPal。这是一个所
有人都难以拒绝的数字，马斯克和董事会都欣然同
意。在这场收购当中，马斯克狂赚 2.5 亿美元。

　　PayPal 的初创团队因为这
次收购也全都发了财，纷纷投身
于更新的事业：蒂尔——投资了
Facebook，如今还掌管着 30 亿美
元的对冲基金；罗洛夫·博塔——成
了风险投资公司红杉资本的合伙人；
史蒂夫·陈——成为 YouTube 的联
合创始人；霍夫曼——创立了领英；斯托普尔曼——
创立了全美最大点评网站 Yelp；莱文——运营着全
球最火的图片共享网站 Slide。

/*
2007年，《财富》杂志给这伙人取名
"PayPal Mafia（PayPal黑帮）"。

　　这群从 PayPal 走出来的天才，深刻影响了世界
互联网的走势，人们给了他们一个响亮的名字——

PayPal 黑帮。

离开 PayPal 的马斯克依旧没有停下来休息。在 PayPal 被收购前，他曾策划了一个"火星绿洲"的项目，当初只是计划向火星发射一个小型实验温室并种植植物，但他研究下来发现，火箭发射的成本实在太高了，于是作罢。

而现在，他有钱了。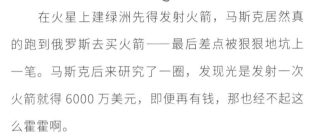

在火星上建绿洲先得发射火箭，马斯克居然真的跑到俄罗斯去买火箭——最后差点被狠狠地坑上一笔。马斯克后来研究了一圈，发现光是发射一次火箭就得 6000 万美元，即便再有钱，那也经不起这么霍霍啊。

好在这时候，他遇到了一个人——汤姆·穆勒（Tom Mueller）。穆勒是一个火箭爱好者，二人一见如故。在交谈了自己的设想之后，马斯克在 2002 年创办了太空探索技术公司 SpaceX。

他决定：

自己造火箭。

这个听起来不可思议的计划背后，是马斯克更加天方夜谭的畅想：他不仅要造火箭，还要将载人航天的成本降低 10 倍，以及造出足够大的飞船来进行火星殖民。

这种充满科幻色彩的理科生浪漫，马上就吸引

© Official SpaceX Photos

/*
SpaceX 基地，位于加利福尼亚州。

了一批将自己的征途定位为星辰和大海的技术精英。马斯克很快就为 SpaceX 搭建了一个全明星造火箭团队。

为了省钱，第一个火箭的主发动机使用的是 1960 年代淘汰下来的，只有一个燃料喷射器；没钱买追踪火箭轨道的仪器，就在易贝上淘二手的。一切的宗旨是：只要能让火箭上天，怎么省钱怎么来。因为外包零件费用太贵，后来大多数的零件都是自己制造的。

每周 120 小时的工作时长赶制火箭，就这么坚持了一年。发射火箭的愿望，就像一个黑洞，吸干了马斯克的精力和金钱，但在 2003 年火箭还没造出来的时候，马斯克又被另一个新的领域迷住了——**电动汽车**。

要知道，跟互联网行业比起来，造火箭和电动汽车的成功概率都极低。

此话怎讲呢？在那个没有成熟案例的年代（十多年前），量产电动车需要攻克的难题太多：电池昂贵而且安全性不足，对汽车变速箱更是经验全无。而且，这次他的竞争对手是已经累计投入了万亿美元、有上百年研发经验的所有石油企业和燃油车厂商。

不过，即便有这么多困难，当特斯拉（Tesla）的创始人马丁·艾伯哈德和马克·塔彭宁因缺乏制造第一辆电动跑车的资金，找到马斯克时，他还是毫不犹豫地加入并投资了这家公司。

马斯克虽然有钱，但他挣到的那些钱扔到造车这项事业里，连个水花都看不见。于是他计划着先瞄准有钱的富豪，造出能让他们买单的电动超跑 Roadster，然后再推出较廉价的电动车打入大众市场。

和以前不同的是，马斯克先前的创业都是白手起家，用投资人的钱进行扩张，即使失败，自己也不会损失什么。但特斯拉、SpaceX 不同，马斯克在这两个希望渺茫的行业中，投入了自己的全部身家，只要失败——

他积累的财富不仅会一夜清零，还会负债无数。

为了达成目标，同时避免再次被踢出管理层，马斯克几乎事事亲力亲为。他大量钻研学习火箭的知识，参与到 SpaceX 火箭的架构设计与建造中。对于特斯拉，他也亲自担任产品经理，监管产品的开发与设计。

2006 年 3 月 25 日，在夸贾林岛上，承载着马斯克团队 4 年心血的"猎鹰 1 号"火箭经过多次发射时间推迟后，终于点燃升空。可惜，只飞了 25 秒，便爆炸了……

此后的两次，"猎鹰 1 号"的发射也都因为各种原因而失败。马斯克意识到，如果下次火箭发射仍不能成功，SpaceX 就要因为没钱而完蛋了。

但是，SpaceX 的使命和魅力还是吸引了一大群世界顶级天才在这里工作，他们拿着不是很高的薪水，顶着巨大的压力，冒着生命危险，心甘情愿地每周工作 100 小时（他们笑称自己会"毫无征兆地快速解体"）。

特斯拉的境况同样被阴云笼罩：原本计划中 Roadster 跑车售价 10 万美元，但马斯克仔细一盘算，发现光是造车的成本就要 12 万美元，而且还有近 1/3 的是废品。

卖车没法盈利，马斯克又另辟蹊径。一方面，他们用两个月时间，把一辆 Smart 汽车改装成电动车，靠这个骚操作打动了戴姆勒公司，拿到了投资；另一方面通过为丰田提供电池组来平衡收支，才得以存活下来。

为了不赔太多钱，他们只能提高售价，这使得马斯克被愤怒的购买者群起而攻之。

媒体开始了对特斯拉的狂轰滥炸。汽车媒体嘲讽特斯拉永远造不出来一辆车；有网站专门为特斯拉开设了一个"**特斯拉死亡倒计时（Tesla Death Watch）**"的栏目；硅谷的八卦媒体开始爆料马斯克曾多次作为 CEO 被踢出公司，让马斯克的信誉度降到谷底。

在巨大的压力面前，马斯克有点稳不住了：他在谷歌上不断搜索特斯拉的新闻并试图解决每一条负面消息；为了压缩成本和赶工期，马斯克每周工作 120 小时，同时他要求员工无止境地加班；他开始对员工表现得极其苛刻，有人提出他不满意的建议时直接无视；员工给他发的邮件中如果出现语法错误，也可能会被炒掉。

到了 2008 年，原计划为 2500 万美元的电动汽车研发成本，已经耗尽了 1.4 亿美元。而此时，Roadster 还没有交付一辆车。

每一个新领域的开拓者，在一开始看起来都像是四处骗人的疯子。他们都在玩走钢丝的游戏，而马斯克，是运气好到走完钢丝的人。

2008 年 9 月，SpaceX 那边终于传来了好消息：在 500 个人忙碌了 6 年之后，"猎鹰 1 号"终于成功

/*
第四次火箭发射成功，给 SpaceX 续上了命。

发射。

在发射当天，马斯克因为不敢面对，甚至跑去了迪士尼乐园。

虽然火箭发射成功了，但造车还是困难重重。为了给特斯拉筹钱，马斯克甚至跟身边所有亲戚朋友开口借钱。公司很多员工也纷纷入股，来者不拒，最后人人都成了股东。

2008 年底，凭借着远低于波音、洛克希德等公司的发射成本和报价，SpaceX 成了 NASA 国际空间站的供应商，拿到了 16 亿美元的巨大订单：使用 SpaceX 的航天器向国际空间站运送货物和补给。

拿到钱之后，马斯克的两家公司终于迎来转机。

两年后，SpaceX 成功发射了"猎鹰 9 号"火箭，将"龙"飞船送入了太空；特斯拉也在发布 Model S 轿车后成功上市。

上市只不过是一场声势浩大的融资，而钱终究会花完，有些事，并不是钱能够解决的。Model S 轿车因为产能过低无法交付订单，导致不看好特斯拉的机构疯狂做空其股票，没钱的特斯拉工厂一度面临倒闭。就在特斯拉处于要被谷歌收购的边缘时，特斯拉的销售团队超额完成销售目标，使公司第一次实现盈利。盈利是个非常积极的信号，特斯拉的股价从 30 美元暴涨到 130 美元，成功救活公司。

马斯克趁势接连发布 Model E 和 Model X，这两款车成为各界名流追捧的对象。

似乎该松口气了，但他依然马不停蹄。

2015 年，"猎鹰 9 号"火箭再次成功发射，并完成了火箭助推器的回收，这是人类第一次实现这一目标。2017 年，这颗被成功回收的火箭助推器被再次利用，"猎鹰9号"完成人类历史上第一次将火箭发射成功后还能够回收进行再次利用的壮举。

另一边，由于特斯拉的产能不足，马斯克想要在全世界建立12个超级工厂。如今，特斯拉在中国上海的超级工厂已经实现了量产，你在中国也可以看到不少特斯拉的身影。虽然特斯拉后来一直被质量问题缠身，但这丝毫没影响特斯拉的高歌猛进。2020年3月9日，特斯拉生产出第100万辆电动汽车。

2020年6月，SpaceX发射的"龙2"航天飞船又实现了一个壮举——那个在20年前做着**"火星白日梦"**的马斯克把两名宇航员送入了太空，实现了载人航天。多少国家以举国之力都做不到的事，被他做到了。人们也更加期待20年后的马斯克，会有哪些成就。

/*
特斯拉上海工厂

从19年前马斯克创立SpaceX开始，他就像穿着盔甲的钢铁侠一样不断地战斗与冒险。如果你以为他的故事到此应该结束了，那你就错了，你会看到，他如何以一己之力突破人们想象的极限：

为了加速人类的资源利用向可持续能源转变，马斯克投资成立了太阳城公司（SolarCity），专门发展家用及商业光伏发电项目。目前太阳城已成为美国最大的太阳能发电公司。除了向将人类移民到火星的目标慢慢靠近外，马斯克还投资了一个人工智能研究实验室 OpenAi，不过不是为了赚钱，不是为了取代人类劳动，而是担心人工智能快速发展对人类造成危险……

嗯，知己知彼，方能百战百胜。

在 2016 年的时候，马斯克觉得洛杉矶的交通实在太堵了，于是随即成立"无聊公司"（The Boring Company），在地下挖出隧道供车辆行驶。刚开始的时候只在 SpaceX 总部附近挖，到现在已经挖到拉斯维加斯去了。

马斯克的最新设想是让无线网络覆盖整个地球。按照这个设想，他将向太空突突突至少打 12000 颗卫星，并有可能扩充到 42000 颗。这个被称为**"星链计划"**的项目每隔两周就要向天上打 60 颗卫星！

>/
能看清吗，一串白色的卫星？

© Giancarlo Foto4U

不过，没有什么是天方夜谭，SpaceX 已经掌握了一箭 61 颗的诀窍。

纵观马斯克的创业史，曾经，他因为冒进的想法和不近人情的性格，无数次被千夫所指，但在他身上，你可以看到一种绝无仅有的冒险精神。他从互联网行业出身，在毫无经验的情况下投身于火箭发射和新能源汽车，不断拨开未来生活的面纱。

如今，马斯克，把他之前吹过的牛都一一实现了。

他值得成为新一代年轻人的榜样。

如果恰好，你也喜欢冒险，并想向互联网钢铁侠寻求一条遇到困难时该怎么办的建议，那其实，只要放大 Roadster 跑车上天的画面，就可以看到——上面已经有了答案。

参考资料

威廉·肖克利

[1] 钱纲.芯片改变世界［M］.北京：机械工业出版社，2020.

[2] 沃尔特·艾萨克森.创新者[M]. 北京：中信出版社，2017.

[3] 科技真相. 芯片战争-6：Eureka！第一个晶体管的诞生[EB/OL].[2019-03-10]. https://mp.weixin.qq.com/s/VPSmEeqz7kcNkxP6w34RDA.

罗伯特·诺伊斯

[1] 吴军.浪潮之巅[M].北京：人民邮电出版社，2019.

[2] Leslie Berlin. 为什么地球上只有一个硅谷？这得从60年前说起[EB/OL].[2015-08-07]. https://reurl.cc/Q7Rv89.

[3] Michael Rank. How Iowa Conquered the World: The Story of a Small Farm State's Journey to Global Dominance[M]. South Carolina：CreateSpace Independent Publishing Platform .2014.

[4] Robert D. Hof. Lessons from Sematech[EB/OL].[2011-07-25]. https://www.technologyreview.com/2011/07/25/192832/lessons-from-sematech/.

[5] Rhett Morris. The First Trillion-Dollar Startup [EB/OL] .[2014-07-26].https://reurl.cc/R6qZAr.

[6] Leslie Berlin. The Man Behind the Microchip : Robert Noyce and the Invention of Silicon Valley [M]. New York:Oxford University Press.2006.

[7] Marius Grundmann. The Physics of Semiconductors[M]. New York：Springer-Verlag Berlin Heidelberg.2010.

安迪·格鲁夫

[1] 约翰·杜尔. 这就是OKR[M]. 北京：中信出版社，2018.

[2] 韩方航.安迪·格鲁夫这个偏执狂，如何塑造了英特尔和今天的硅谷？[EB/OL].[2016-03-23].http://www.qdaily.com/articles/24323.html.

丹尼斯·里奇

[1] Cade Metz. Dennis Ritchie: The Shoulders Steve Jobs Stood On[EB/OL].[2011-10-13]. https://www.wired.com/2011/10/thedennisritchieeffect/.

[2] Brian W. Kernighan. Memorial Tributes: National Academy of Engineering, Volume 20[M]. Washington D. C.：National Academies Press.2016.

[3] Martin Campbell-Kelly. Dennis Ritchie obituary[EB/OL].[2011-10-13]. https://www.theguardian.com/technology/2011/oct/13/dennis-ritchie.

[4] Dennis Ritchie Biography. Encyclopedia of world biography[DB/OL]. [2020-06-20]. https://www.notablebiographies.com/supp/Supplement-Mi-So/Ritchie-Dennis.html.

海蒂·拉玛

[1] Alexandra Dean. Bombshell: The Hedy Lamarr Story[DB/OL]. Kino Lorber.

[2018-03-08]. https://www.imdb.com/title/tt6752848/.

诺兰·布什内尔

[1] Steve Fulton. The History of Atari: 1971-1977[EB/OL].[2007-11-06]. https://www.gamasutra.com/view/feature/130414/the_history_of_atari_19711977.php.

比尔·盖茨

[1] 张华伟.硅谷之心：从0到1的创业与创新史[M].北京：中国华侨出版社，2019.

[2] W-Pwn.比尔·盖茨要花400万美金让蚊子绝迹[EB/OL].[2018-06-27]. https://zhuan-lan.zhihu.com/p/38569690.

[3] Davis Guggenheim. Inside Bill's Brain: Decoding Bill Gates[DB/OL]. Net-flix.[2019-09-20]. https://www.bilibili.com/video/BV1Uy4y117bu?from=search&-seid=14802816467876672493.

伯纳斯-李

[1] EVAN ANDREWS. Who Invented the Internet?[EB/OL].[2019-10-28]. https://www.history.com/news/who-invented-the-internet.

[2] Steven J. Vaughan-Nichols. Before the Web: the Internet in 1991[EB/OL].[2011-04-17]. https://www.zdnet.com/article/before-the-web-the-internet-in-1991/.

[3] 贾雪峰.美国互联网泡沫成因浅析及启示[R/OL].[2016-02-03]. http://www.csrc.gov.cn/pub/newsite/yjzx/yjbg/201602/P020160203529649847796.pdf.

吉姆·克拉克

[1] 吴军.浪潮之巅[M].北京：人民邮电出版社，2019.

[2] 鼎宏.外媒专访网景公司创始人：乐观很重要[EB/OL].[2014-10-21]. http://ctsprvi.com/content/523138.shtml.

高锟

[1] 高锟.潮平岸阔：高锟自述[M].成都：四川文艺出版社，2007

菲利普·卡兹

[1] 吴晓波.腾讯传[M].杭州：浙江大学出版社，2017.

[2] Lee Hawkins Jr.The short, tormented life of computer genius Phil Katz[EB/OL].[2000-05-21]. https://web.archive.org/web/20000829071343/http://www2.jsonline.com/news/state/may00/katz21052000a.asp.

[3] Matt Murray , Jeffrey A. Tannenbaum . The Rise and Fall of a Software Star; Phil Katz Loved Code-and Liquor[EB/OL].[2000-06-19]. https://www.wsj.com/articles/SB961363319756539141.

[4] biu. BBS 往事：人们在互联网尚未普及之前的"连接"[EB/OL].[2019-12-30]. https://www.geekpark.net/news/253732.

约翰·迈克菲

[1] MATT GUTMAN, Joe RHEE, ALEXA VALIENTE. A look at the wild life of anti-virus software pioneer John McAfee[EB/OL].[2017-05-12] https://abcnews.go.com/US/wild-life-anti-virus-software-pioneer-john-mcafee/story?id=47333754.

[2] Joshua Davis. John McAfee Fled to Belize, But He Couldn't Escape

Himself[EB/OL].[2012-12-24]. https://www.wired.com/2012/12/ff-john-mcafees-last-stand/.

[3] Nanette Burstein. Gringo: The Dangerous Life of John McAfee[EB/OL]. Showtime. [2016-09-11]. https://www.bilibili.com/video/BV1yZ4y157jd?from=search&seid=4203065995895519334

拉里·埃里森

[1] Oracle. What Is a Relational Database?[EB/OL]. [2020-09-20].https://www.oracle.com/database/what-is-a-relational-database/.

亚伦·斯沃兹

[1] NICK BILTON. Internet Activist Charged in M.I.T. Data Theft[EB/OL].[2011-07-19]. https://bits.blogs.nytimes.com/2011/07/19/reddit-co-founder-charged-with-data-theft/.

[2] Brian Knappenberger. The Internet's Own Boy:The Story of Aaron Swartz[EB/OL]. FilmBuff. [2014-06-27]. https://www.bilibili.com/video/BV1rx411V75r?from=search&seid=9221725117809494956.

[3] JSTOR. JSTOR Evidence in United States vs. Aaron Swartz[EB/OL].[2020-03-25]. http://docs.jstor.org.

史蒂夫·乔布斯

[1] 沃尔特·艾萨克森. 史蒂夫·乔布斯传[M].北京：中信出版社，2014.

[2] 张华伟.硅谷之心：从0到1的创业与创新史[M].北京：中国华侨出版社，2019.

黄仁勋

[1] 安德鲁·努斯卡. 2017年度商人：硅谷人工智能革命的引领者[EB/OL].[2017-11-26]. http://app.fortunechina.com/mobile/article/295977_e.html.

[2] 硅兔赛跑. 英伟达CEO黄仁勋的传奇人生：16岁在美国扫厕所，50岁身家30亿美元[EB/OL].[2017-02-26]. https://www.iyiou.com/analysis/2017022639939.

[3] 顾杰. 视觉时代的回响 GPU十年历史追忆[EB/OL].[2013-08-02]. https://vga.zol.com.cn/388/3889961.html.

加布·纽维尔

[1] Thefamouspeople. Gabe Newell Biography[EB/OL].[2020-05-18]. https://www.thefamouspeople.com/profiles/gabe-newell-41419.php.

拉里·佩奇

[1] Biography. Larry Page[EB/OL].[2020-04-24]. https://www.biography.com/scientist/larry-page.

[2] Nicholas Carlson. The Untold Story Of Larry Page's Incredible Comeback[EB/OL].[2014-04-24]. https://www.businessinsider.com/larry-page-the-untold-story-2014-4.

[3] statcounter. Browser Market Share Worldwide, Feb 2020 - Feb 2021[EB/OL].[2020-09-15].https://gs.statcounter.com/.

杰夫·贝索斯

[1] 布拉德·斯通. 一网打尽：贝佐斯与亚马逊时代[M].北京：中信出版社，2014.

[2] 孙婧. 2000年之后，亚马逊如何扭亏为盈[EB/OL].[2013-05-30]. http://tech.sina.com.cn/i/2013-05-30/10288394828.shtml.

[3] 李妍. 电商圣经：贝索斯致股东信(1997)[EB/OL].[2012-08-07].https://xueqiu.com/8689584849/21666424.

[4] James Jacoby. Amazon Empire: The Rise and Reign of Jeff Bezos[EB/OL].[2020-02-18]. https://www.bilibili.com/video/BV1eE411s7TH?from=search&seid=4211164588911505843.

凯文·米特尼克

[1] rambo_china. 世界头号电脑黑客-凯文·米特尼克（Kevin Mitnick）[EB/OL].[2008-03-02]. https://blog.csdn.net/rambo_china/article/details/2140648.

[2] 巅峰问答. 对话"世界头号黑客"凯文·米特尼克[EB/OL].[2017-11-10].https://www.bilibili.com/video/BV1Nx41177Y7/?spm_id_from=333.788.videocard.5.

安迪·鲁宾

[1] 张树声，陈斌，朱国文.终极极客："Android之父"安迪·鲁宾[M]. 北京：电子工业出版社，2014.

[2] 吕云. Android之父安迪·鲁宾：乔布斯羡慕嫉妒恨的人[EB/OL].[2011-06-11]. https://tech.qq.com/a/20110611/000104.htm.

埃隆·马斯克

[1] 阿什利·万斯.硅谷钢铁侠：埃隆·马斯克的冒险人生[M].北京：中信出版集团，2016.

[2] 张华伟.硅谷之心：从0到1的创业与创新史[M].北京：中国华侨出版社，2019.

[3] Kenneth Chang. Elon Musk's Plan: Get Humans to Mars, and Beyond[EB/OL].[2016-09-27]. https://www.nytimes.com/2016/09/28/science/elon-musk-spacex-mars-exploration.html.

另：诺兰·布什内尔、伯纳斯-李、拉里·埃里森、加布·纽维尔等几个人物参考了国外网站的访谈视频、人物纪录片等资料。

比前言稍微重要一点的后记

写在即将下放印刷厂的前两天，此时，图书的封面还没最终确定。

封面来来回回已经改了数十遍了，依然没有出现一个让所有人满意的版本。所以，我现在也不知道这本书最终能长什么样。大概这一切都怪我给设计师提出了几个非常玄乎的需求：打破读者对传统互联网科技图书的认知，要让读者看到封面后心情是愉悦的，要足够吸引你弟弟妹妹哥哥姐姐叔叔阿姨的注意力。

设计师听完脸都绿了。

如果你看到封面后的感受和我刚才描述的不一样，那就说明，设计师跑路了。

但希望我们最终使用的那个版本的封面能让你喜欢。

无论如何，这本书终于还是要出版了。

从立项到上市，前前后后我们准备了一年的时间。最开始的书稿由差评的编辑团队共同写作完成，他们分别是李炳鑫、陈哲、周明陶、何东伦、欧美亚南、张晨枫、王基昊、张昊誉、李晨彰、陈恺熙、刘森、郑名泰。他们都是非常有才华、热爱科技的年轻人，唯一的缺点就是太爱拖稿了。

还有许鑫海与江文隆，虽然他们用心写出的稿子被审稿老师毙掉了，但同样感谢他们的付出。

感谢我们的设计师杨光雨、廖焕妍与杨雨萱，他们为这本书提供了非常多的设计，感谢！

还要感谢这本书的责编老师，为这本书熬了N多个夜晚，每次见面都感觉气色更差了一些，希望过段时间她能休个长假，好好调整一段时间。

最后，书里面的图片我们已经尽力去获取版权许可，但因为能力有限，仍有少部分图片实在没办法找到作者，如若侵犯到您的权益可与我们联系（hanfei@chaping.tech），我们将承担相应的责任。

有机会，下次再见！

本书中采用 CC 协议授权图片的版权说明

本作品P44下图采用CC SA 1.0 协议授权图片，如需查看协议全文，请访问https://creativecommons.org/licenses/sa/1.0/

本作品P39、P40下、P63、 P66、P67、P71、P93上、P106上、P147、P148、P161、P164、P170上、P179、P206、P215、P218、P219、P222、P230、P236、P239、P264、P269、P279 图片采用CC BY 2.0 协议授权图片，如需查看协议全文，请访问https://creativecommons.org/licenses/by/2.0/

本作品P2、P16、P30上、P40上、P62、P65、P76上、P80、P136、P156下、P180上、P225、P256图片采用CC BY-SA 2.0 协议授权图片，如需查看协议全文，请访问https://creativecommons.org/licenses/by-sa/2.0/

本作品P188图片采用CC BY-ND 2.0 协议授权图片，如需查看协议全文，请访问https://creativecommons.org/licenses/by-nd/2.0/

本作品P221图片采用CC BY-SA 2.5 协议授权图片，如需查看协议全文，请访问https://creativecommons.org/licenses/by-sa/2.5/

本作品P4、P34 、P75、P203、P204图片采用CC BY 3.0 协议授权图片，如需查看协议全文，请访问https://creativecommons.org/licenses/by/3.0/

本作品P5、P6下、P20、P48、P110下、P119、P121、P122、P151、P172、P174、P177下、P184上、P185上、P195、P259图片采用CC BY-SA 3.0 协议授权图片，如需查看协议全文，请访问https://creativecommons.org/licenses/by-sa/3.0/

本作品P44上图采用CC BY 4.0 协议授权图片，如需查看协议全文，请访问 https://creativecommons.org/licenses/by/4.0/deed.en

本作品P21、P30下、P59、P177上、P227图片采用CC BY-SA 4.0 协议授权图片，如需查看协议全文，请访问 https://creativecommons.org/licenses/by-sa/4.0

本书中使用的表情包由@_SiC_（微博账号）创作。

图书在版编目（CIP）数据

造浪者：互联网大佬们没告诉你的事都在这儿了 /
差评君编著. -- 杭州：浙江文艺出版社，2021.4（2021.
4重印）

ISBN 978-7-5339-6450-4

Ⅰ.①造… Ⅱ.①差… Ⅲ.①故事—作品集—中国—
当代 Ⅳ.①I247.81

中国版本图书馆CIP数据核字（2021）第041375号

项目策划　蒋　莉　俞姝辰　韩　飞
责任编辑　罗　艺
责任校对　唐　娇
责任印制　张丽敏
营销编辑　李　博
封面设计　杨光雨
内文设计　杨光雨　杨雨萱　廖焕妍
内文制版　熊仁丹

造浪者：互联网大佬们没告诉你的事都在这儿了

差评君　编著

出版发行　浙江文艺出版社
地　　址　杭州市体育场路347号
邮　　编　310006
电　　话　0571-85176953（总编办）
　　　　　0571-85152727（市场部）
印　　刷　浙江新华数码印务有限公司
开　　本　710毫米×1000毫米　1/16
字　　数　244千字
印　　张　18.5
插　　页　1
版　　次　2021年4月第1版
印　　次　2021年4月第3次印刷
书　　号　ISBN 978-7-5339-6450-4
定　　价　69.00元

版权所有　侵权必究
（如有印装质量问题，影响阅读，请与市场部联系调换）